포도나무의 비밀

Secrets of the Vine
by Dr. Bruce H. Wilkinson with David Kopp

Originally published in English under the title:
Secrets of the Vine by Bruce Wilkinson
Copyright ⓒ 2001 by Ovation Foundation
Published by Multnomah Books
an imprint of The Crown Publishing Group
a division of Penguin Random House LLC
10807 New Allegiance Drive, Suite 500
Colorado Springs, Colorado 80921 USA

International rights contracted through Gospel Literature International
P. O. Box 4060, Ontario, California 91761 USA
Korean edition ⓒ 2021 Timothy Publishing House
Seil Bldg. 8F, 141-25 Seocho-daero, Seocho-gu, Seoul, Korea
All rights reserved.

이 한국어판의 저작권은 Gospel Literature International 에이전시를 통하여
Random House와 독점 계약한 (주)도서출판 디모데에 있습니다.
신저작권법에 의하여 한국 내에서 보호받는 저작물이므로
무단 전재와 무단 복제를 금합니다.

포도나무의 비밀

브루스 윌킨슨 & 데이빗 콥 지음 | 마영례 옮김

풍성한 삶을 위한 영적 도약

차례

하나.	포도밭 이야기	9
둘.	하나님께서 원하시는 것	25
셋.	가장 좋은 소식(당신이 듣고 싶어하지 않았던)	45
넷.	점진적인 사랑	69
다섯.	눈을 뜨게 해준 시골 마을	91
여섯.	무성해지기 위한 가지치기	119
일곱.	하나님을 더 많이, 하나님과 더 많이	149
여덟.	하나님 앞에서의 삶	169
아홉.	기쁨 가득한 풍성함	197

엄청나게 풍성한 삶이
자신들의 타고난 권리일지도
모른다고 생각하는 제자들을 위하여.

내 친구이자 함께 글을 쓴 동료 데이빗 콥과
편집을 도와준 헤더 하팜 콥에게.
이 책이 나올 수 있게 해준
두 분의 관심과 솜씨에 감사와 사랑을 전합니다.
두 분과 함께 일하는 것만으로도 큰 기쁨이었습니다.

함께 일하게 된 돈 제이콥슨과
멀트노마 출판사 팀 전원에게 감사드립니다.
그리스도를 위한 여러분의 수고의 열매가
전세계에 이르게 되는 기쁨이 있으리라 믿습니다.

포도나무의 비밀

서 문

독자 여러분께.

한 사람의 진정한 가치가 아름답게 흘러넘치는 풍성한 삶을 살도록 우리는 태어났습니다. 그러므로 풍성한 삶을 간절히 바라는 것은 이상한 일이 아닙니다. 그러나 수백만의 그리스도인들이 그에 미치지 못하는 삶을 살아가고 있습니다. 그것은 풍성한 삶을 가능케 하시는 하나님의 방법을 오해하고 거부하기 때문입니다.

「야베스의 기도(The Prayer of Jabez, 도서출판 디모데)」에서는 하나님을 위해 뜻깊은 영향을 풍성하게 미치는 삶을 살아가기 위해 어떻게 기도해야 하는지를 알려드렸습니다. 그리고 이 책 「포도나무의 비밀」에서는

포 도 나 무 의   비 밀

하나님께서 그 기도에 응답하시기 위해 우리의 삶을 통해 어떻게 일하시며, 또 그 일을 위해 우리가 어떻게 하나님과 협력할 수 있는지를 말씀드리고 싶습니다. 우리가 풍성한 삶을 살게 되기를 하나님께서 얼마나 원하시는지 발견하고 놀라게 될 것입니다. 그리고 우리의 삶을 통해 일하시는 하나님의 방법을 다시는 오해하지 않아도 된다는 안도감을 얻을 것입니다.

풍성한 삶의 비밀이 담긴 이 책 속으로 여러분을 초대합니다. 열린 마음과 큰 기대감을 가지고 와주시지 않겠습니까?

브루스 윌킨슨

포 도 밭 이 야 기

하나. 포도밭 이야기

곧 세상을 떠나게 될 아주 절친한 사람, 숨을 거두기 전 당신에게 마지막 유언을 남기고 싶어하는 사랑하는 사람과 함께 시간을 보내본 경험이 있는가?

"이리 가까이 와." 몸을 숙이고 그의 말에 귀를 기울이려 애를 쓴다.

"얘기해주고 싶은 게 있어. 지금까지 기다려왔지만… 이제 더 이상은 안 되겠어."

그가 남기는 말은 아마도 평생 잊지 못할 것이다.

포 도 나 무 의   비 밀

  그 말하려는 사람이 예수님이었다고 가정해보자. 그렇다면 당신은 얼마나 귀를 기울였을 것이라 생각하는가? 당신에게 남긴 주님의 마지막 말씀을 얼마나 오랫동안 그리고 얼마나 심혈을 기울여 열심히 숙고할 것이라 생각하는가?

  이 책을 읽어내려가며 요한복음 15장에 나오는 예수님의 말씀, 즉 배신을 당하시던 날 밤 제자들에게 남기신 마지막 말씀의 요지에 귀를 기울여보라. 그 다음 날 땅거미가 질 즈음에는 채찍에 맞아 찢어진 몸으로 예수님은 서서히 숨을 거두며 십자가에 못 박힌 채 달려 있게 될 것이다.

  예수님은 그날 밤 자신이 하시는 말씀이 수년 동안 친구들의 뇌리를 떠나지 않고 울려 퍼지게 되리라는 사실을 잘 알고 계셨다. 때가 되면 '임종시 나누었던 대

포 도 밭 이 야 기

화'의 참뜻이 그들에게 전적으로 새로운 사고 방식을 갖게 해줄 것이다. 그런데 오늘날 예수님께서 남기신 이 마지막 말씀을 모르고 있는 사람들이 너무 많아서 나는 이 말씀을 '비밀'이라 부른다. 예수님께서는 분명 그 뜻을 확실하게 드러내시려 했을 것이라 나는 확신한다. 비유와 숨겨진 뜻으로 남아 있어야 할 시기는 이미 지났다. 주님께서는 모든 세대의 모든 제자들이 어떻게 풍성한 삶을 살아야 하는지를 정확히 알고, 어떻게 하나님께서 그 일이 일어나게 하시는지 이해할 수 있기를 바라셨다.

오늘날 예수님께서 남기신 이 마지막 말씀을 모르고 있는 사람들이 너무 많아서 나는 이 말씀을 '비밀'이라 부른다.

구세주께서 말씀하셔야 할 순간을 얼마나 세심하고 자상하게 선택하시는지를 보라.

포 도 나 무 의 비 밀

목요일 밤 다락방에서

그리스도인이 된 후 세월이 좀 흘렀다면 다락방에 관한 이야기, 곧 예수님께서 제자들과 함께 나누었던 절정을 이룬 저녁 만찬에 대한 이야기를 아마도 여러 번 들어보았을 것이다. 그렇다면 베개에 기댄 자세로 주님을 바라보며 식탁에 둘러앉은 사람들을 쉽게 상상할 수 있을 것이다. 그리고 낮은 목소리로 주고받는 대화 소리를 들을 수 있을 것이다. 또 갓 구운 빵과 양파를 넣어 함께 볶은 고기 냄새도 맡을 수 있을 것이다.

그날은 유대인들이 종살이하던 애굽에서 탈출한 날을 기념하는 유월절 전날 밤이었다. 수많은 사람들이 그 유월절을 지키기 위해 예루살렘에 와 있었고, 그 해는 특히 메시아에 관한 소식으로 온 도시가 어느 때보다 떠들썩했다. 메시아가 모든 압제자들로부터 이스라

포도밭 이야기

엘을 영원히 구원하기 위해 유월절과 같은 그런 날에 오실 거라고 예언한 선견자가 한둘이 아니었다.

그러나 식탁 주위에 기대앉아 있던 그들은 다른 사람들이 알지 못하는 것을 알고 있었다. 메시아가 이미 그곳에 와 계셨다. 거기 그 방에 그들과 함께 계셨다.

제자들은 그분과 함께 3년을 보냈으며, '나사렛 예수는 모든 위험을 무릅쓰고 따를 만한 가치가 있는 메시아다' 라는 똑같은 결론을 한 사람씩 차례로 내리게 되었다. 실제로 제자들은 갈릴리를 떠난 이후부터 새로운 나라에서 누가 어떤 위치에 오르게 될 것인지를 상당 시간 서로 논쟁했을 만큼 유월절 기간 동안 일어나게 될 사건들을 확신하고 있었다.

저녁 식사가 시작되었다.

"베드로, 고기 좀 이리 보내."

포 도 나 무 의   비 밀

"야고보, 좀 일찍 성전으로 가보자. 수만의 천사들이 로마 군인들에게 보여줄 교훈을 놓치고 싶지 않거든."

"여보게, 마태! 나라의 경제 사정이 역사에 남을 만할 정도라며!"

다락방에 모인 제자들은 새로 맞이하게 될 좋은 세월을 위해 서로 축배를 들며, 그 준엄하면서도 평화로운 저녁 시간이 밤늦게까지 이어질 것을 기대했다. 그러나 예기치 않았던 일들이 벌어지기 시작했다.

타결

사도 요한은 분위기를 바꾸어놓은 사건이 벌어진 그 순간을 다음과 같이 기록했다.

"저녁 먹는 중 예수는… 자리에서 일어나 겉옷을 벗고 수건을 가져다가 허리에 두르시고 이에 대야에 물을

포 도 밭 이 야 기

담아 제자들의 발을 씻기시고 그 두르신 수건으로 씻기기를 시작하여"(요 13:3-5).

놀란 그들은 메시아가 그들의 발가락 사이를 문지르는 동안 부끄러움을 느끼며 그저 서로를 바라볼 뿐이었다. 대야 속에서 나는 물소리가 들렸다. 긴장한 제자들은 감히 아무 말도 못하고 머뭇거렸다. 내일이면 왕이 되실 분께서 왜 하인처럼 이러시는 걸까?

사태는 점점 더 심각해졌다. 예수님께서 "내가 진실로 진실로 너희에게 이르노니 너희 중 하나가 나를 팔리라"(21절)고 말씀하셨던 것이다. 어안이 벙벙해진 제자들은 서로를 쳐다보았다. 그때 예수님께서 결정타를 날리셨다. 해가 뜨기 전에 베드로가 주님을 세 번 부인하게 되리라고 말씀하셨던 것이다. 그들은 자신들이 해야 할 임무가 이제 결정지어졌다는 엄청난 사실을 인식하기 시작했다.

물론 예수님께서는 몇 달 전부터 보좌에 오르기 위해서가 아니라 십자가를 지기 위해 예루살렘으로 가신다는 사실을 알려주셨다. 그러나 그 경고는 메시아가 영광과 권세를 가지고 다시 오실 거라는 예측과 뒤섞였고, 제자들은 자기들이 듣고 싶은 말만 골라서 들었던 것이다.

그런데 그날 밤 예수님께서 그들의 마지막 희망까지 산산조각 내버리셨다. "조금 있으면 세상은 다시 나를 보지 못할 터이로되 너희는 나를 보리니"라고 말씀하셨다. 그것은 그 어떤 공적인 승리도 배제해버리는 말씀이었다.

예수님께서 계속 말씀하셨다. "이후에는 내가 너희

와 말을 많이 하지 아니하리니 이 세상 임금이 오겠음이라." 이 마지막 일격은 제자들의 마음을 무겁게 짓눌렀다. 예수님은 통치자가 아니며, 왕이 되지도 않을 거라는 사실에 도장을 찍는 말씀이었다.

이제 제자들의 얼굴에 나타난 고통을 볼 수 있다. 예수님의 말씀을 계속 들어보라. 그냥 듣기에는 평화스럽고 희망차기까지 하다. 그러나 위기감이 극에 달한 그 다락방에서는 각 구절구절이 제자들에게 절망적인 기분만 더해줄 뿐이었다. 그분의 말씀을 들으며… 그들의 얼굴을 바라보라.

소자들아… 그들은 작고 힘없는 자신들을 느낀다.

내가 너희를 사랑한 것 같이… 그들은 두려움을 느끼며 믿을 수 없다는 듯이 의심스런 눈초리로 그분을 응시한다.

포 도 나 무 의   비 밀

너희는 마음에 근심하지 말라… 그들은 염려와 불안 속으로 빠져들어간다.

내가 너희를 고아와 같이 버려두지 아니하고… 그들은 적대적인 세상에서 의지할 데 없이 버려진 고아처럼 그분 앞에서 푹 쓰러진다.

다락방에서의 밤은 끝이 났다. 질문도 끝이 났다. 그리고 침묵 속에서 예수님께서 말씀하신다. "일어나라 여기를 떠나자"(요 14:31).

포도밭에 밝혀진 불빛

풀이 죽은 열한 명의 제자들이 예수님을 따라 계단을 내려가 차가운 밤 공기 속으로 걸어나갔다. 몇 사람은 길을 밝히기 위해 등불과 타고 있는 횃불을 들었다. 아마도 예수님께서 어디로 - 그들이 종종 함께 시간을 보내곤 했

포 도 밭   이 야 기

던 감람 산의 동산으로 - 가고 있는지를 말씀해주셨거나, 아니면 그들도 이미 알고 있었을지도 모를 일이다. 어쨌거나 발자국 소리가 좁은 길을 타고 울려 퍼지는 동안 한 마디의 말소리도 들리지 않았을 것이다.

제자들은 예수님의 뒤를 좇아 예루살렘의 꼬불꼬불한 길을 따라 언덕을 내려갔다. 예수님은 성전과 떠들썩하게 절기를 지키는 군중들을 피해 오른쪽으로 돌아 도시 밖으로 그들을 이끌고 가셨다. 그리고 기드론 계곡 쪽을 향해 그들은 정직각으로 좌회전을 했다.

계곡의 곡선을 따라 난 언덕길을 가며 오래된 포도밭을 지나갔다. 수세대에 걸쳐 과실을 맺어온 잘 손질된 포도나무 사이를 일렬로 걸었다. 그들 왼쪽으로는 높이 솟은 도시의 성벽이 우뚝 서 있고, 앞쪽과 오른쪽으로는 겟세마네 동산과 배신자가 기다리고 있는 감람 산이 자

포도나무의 비밀

리를 잡고 있었다.

예수님께서 걸음을 멈추셨다. 줄지어 늘어선 포도나무들에 둘러싸여 있던 제자들이 모여들었다. 등불과 횃불이 밤 공기 속에서 탁탁 튀는 소리를 내며 그들 눈앞에서 깜박거렸다.

예수님께서 손을 뻗어 포도나무 가지를 잡으셨다. 새로 싹을 낸 가지가 황금 불빛을 받으며 예수님의 손에 들려졌다. 그리고 말씀을 시작하셨다. "내가 참 포도나무요 내 아버지는 그 농부라"(15:1).

그리고 이어 몇 분 간 포도나무와 가지에 대해 그리고 포도밭지기가 포도밭을 어떻게 돌보는지에 대해 간략하게 말씀하셨다. 물론 제자들이 기대했던 그런 이야기는 아니었다. 그러나 그때가 바로 예수님께서 그들의 놀라운 운명을 드러내시기로 선택한 순간이었다.

포도밭 이야기

하늘의 휘장

내가 만난 수많은 그리스도인들은 포도밭의 어두운 그늘 속에 서 있었다. 제자들처럼 그들에게도 예수님을 따르는 일이 기대했던 것과는 전혀 다른 모습으로 드러나고 있었다. 그래서 그들은 혼란스러워했고 환멸을 느꼈으며, 마치 하나님께 배신이라도 당한 듯 여겼다.

당신도 그런가? 그렇다면 잘 들어보라. 그런 영적 위기를 경험하는 가장 주된 이유는 포도밭에서 하신 예수님의 말씀을 듣지 않았거나, 아니면 이해하지 못했기 때문이라고 나는 생각한다.

수십 년 동안 그리스도인으로 살아온 나 역시 그 말씀을 이해하지 못했었다. 그 때문에 하나님과의 교제가 끊어졌고, 하나님과 맞서 씨름을 했다. 그리고 종종 실망과 의심, 심지어는 분노로 특징지어지는 영적 생활을 감수해야 했다. 그때를 돌이켜보면 하나님께서 내가 바라는 조건으로 나를 도와주실 것이라 생각하고 있었음을 보게 된다. 그래서 가까이 다가가 듣는 일에 실패했던 것이다.

그러나 지난 몇 년 동안 나는 다시 등불을 가진 사람들 안으로 이끌려 들어갔고, 거기서 들은 것이 결국 내 삶에 자유와 기쁨을 가져다주었다. 지금은 하나님께서 내게 원하시는 것이 하나님을 위해 열매를 수확하는 것임을 이해하고 있다. 그리고 하나님께서 내 삶을 통해 그 일을 어떻게 이루어오셨는지도 볼 수 있다.

예수님께서 그 결정적인 마지막 순간에 하신 말씀을 진지하게 받아들이고 싶은가? 모든 말씀이 다 중요하다. 제자들을 위해 하늘의 휘장을 걷으신 것처럼 예수님께서는 당신을 위해서도 그렇게 하기를 원하신다.

포도밭 이야기

 예수님께서 그날 밤 우리 생각도 하셨다고 나는 확신한다. 예수님께서는 의심 많은 도마와 앞뒤를 가리지 않는 베드로, 솔직한 나다나엘과 책략적인 야고보 속에 있는 우리를 보시고 사랑하셨다. 목적을 가지고 가장 절친했던 친구들을 포도밭으로 인도하신 것처럼 그분께서 당신을 이 작은 책자로 사랑스럽게 인도해오셨다고 나는 생각한다.

 앞으로 보여주게 될 포도나무의 비밀은 자녀들을 육체적, 정서적, 영적으로 번성케 하시려는 우리 하나님 아버지의 놀라운 계획이다. 그것은 사실 가족을 위한 비밀이라 할 수 있는데, 그 이유는 만찬을 마치고 성벽 외곽의 어둠 속으로 곧장 나아가는 길로 줄곧 주님을 따라온 당신과 같은 제자에게만 실제로 의미가 있기 때문이다.

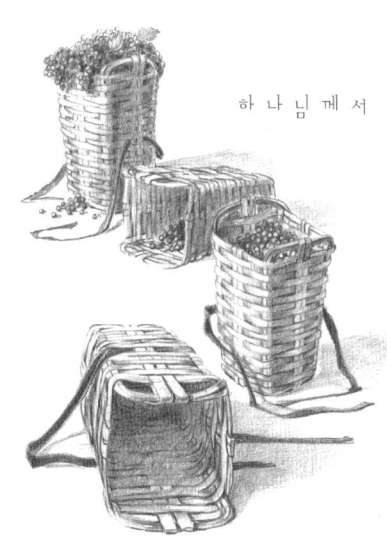

하 나 님 께 서   원 하 시 는   것

둘. 하나님께서 원하시는 것

그날 밤 포도밭에서 예수님이 제자들에게 자신의 뜻을 전달하기 위해 손에 들지 않으신 것들을 생각해보자.

- 돈
- 예루살렘을 군사적으로(혹은 천사들을 동원해서) 침공하기 위한 전투용 지도
- 고향에 있는 가족들에게 지난 3년 동안 어떻게 살아왔는지를 알리는 편지

포 도 나 무 의   비 밀

예수님께서는 포도 열매를 생각하셨다. 성숙한 포도나무 가지를 손에 들고 말씀하셨다.

"내가 참 포도나무요 내 아버지는 그 농부라 무릇 내게 있어 과실을 맺지 아니하는 가지는 아버지께서 이를 제해 버리시고 무릇 과실을 맺는 가지는 더 과실을 맺게 하려 하여 이를 깨끗케 하시느니라… 나는 포도나무요 너희는 가지니 저가 내 안에, 내가 저 안에 있으면 이 사람은 과실을 많이 맺나니… 너희가 과실을 많이 맺으면 내 아버지께서 영광을 받으실 것이요…"(요 15:1-2, 5, 8).

머릿속에 그림이 그려지는가? 까끌까끌한 나무 껍질, 곱슬곱슬한 덩굴손, 보풀로 덮인 새로 난 잎사귀가 느껴지는가? 포도의 달콤한 향내를 맡을 수 있는가?

하나님께서 원하시는 것

예수님께서는 심오한 진리를 전달하기 위해 세상에 있는 단순한 것들을 예로 들어 사용하기를 좋아하셨다. 돌아가시기 전에 남기신 마지막 메시지를 통해 이 지구상에 우리를 남겨두는 한 가지 절대적인 이유가 있다는 사실을 그리고 그 이유는 전적으로 열매와 관계가 있다는 사실을 우리가 분명하게 이해할 수 있기를 바라셨다.

예수님께서는 심오한 진리를 전달하기 위해 세상에 있는 단순한 것들을 예로 들어 사용하기를 좋아하셨다.

오래된 포도밭, 새로운 관점

포도밭의 비유 속에서 예수님께서는 하나님을 위한 과실을 맺는 일에 따르는 우리의 역할을 이해할 수 있도록 도와주시려고 하나의 그림을 소개해주셨다.

포도나무의 비밀

1. **예수님은 포도나무다.** 포도나무를 재배하지 않는 곳에서 사는 사람들은 포도나무가 격자 울타리를 타고 길게 뻗어나가는 덩굴 식물이라 생각할 것이다. 그러나 실제로는 땅에서 자라는 나무다. 예로부터 포도밭지기는 나무가 사람의 허리 정도의 높이가 되도록 가꾸었다. 그래서 결국 나무는 커다란 마디를 이루게 되고 그 마디로부터 가지가 양방향으로 뻗으며 격자 울타리를 타게 된다.

2. **아버지는 농부다.** 포도나무를 재배하는 농부는 포도밭지기다. 그는 아마 포도밭의 주인이거나 아니면 포도밭을 가꾸기 위해 고용된 사람일 것이다. 농부의 일은 간단하다. 가능하면 가장 무게가 많이 나가는 포도를 맺을 수 있도록 돌보는 것이다. 건강하고 잘 손질된 포도나무는 보다 풍성한 과실의 수확을 의미한다.

3. 우리는 가지다. 포도나무의 가지는 열매가 달리는 부분이기 때문에 농부의 노력이 집중되는 곳이다. 그는 공기가 잘 통하고 최대한의 일조량을 받아들이며 손질을 잘할 수 있는 상태가 되도록 가지를 격자 울타리에 묶어주거나 막대기로 떠받쳐준다. 농부는 가능한 한 좋은 열매를 많이 맺을 수 있도록 애정을 가지고 각 가지를 돌본다.

원예학적인 관점으로 볼 때 포도밭의 이런 모습들은 상당한 흥미를 끌 수 있다. 그러나 한 가지 질문을 해보자. 죽음을 몇 시간 앞에 두고 가장 친한 친구들의 모든 기대를 막 꺾어버린 예수님께서 포도 재배에 관해서는 왜 그렇게도 자세하게 말씀하시는 것인가?

예수님께서는 제자들에게 새로운 시각을 갖도록 가르쳐주기에 그 시간, 그 자리가 가장 적합하다고 생각하셨던 것이 분명하다. 그들이 하나님의 시각으로 그들의 장래를 바라보게 되기를 원하셨다. 제자들이 '하나님이 내 삶 속에서 무엇을 하고 계시는 거지? 그리고 왜 내가 기대했던 대로 안 되는 걸까? 라고 의아해하면서 이 세상에 남아 있게 되기를 원치 않으셨다.

열매는 무엇인가?

나는 몇 년 동안 이 구절을 다른 사람들을 그리스도께로 인도하라는 그리스도인들을 위한 일반적인 부르심으로 생각해왔다. 그러나 예수님께서 말씀하신 과실을 그리스도께 인도한 영혼만으로 한정시켜야 할 아무런 이유가 없다. 나는 성경에 나오는 과실(혹은 열매)이라는 단어와 선한 행실이란 단어들을 찾아보았다. 그리고 그 두 단어가 거의 같은 의미로 사용되고 있음을 보게 되었다. 예를 들어, 디도서에 나오는 다음 구절을 보라.

"또 우리 사람들도 열매 없는 자가 되지 않게 하기 위하여 필요한 것을 예비하는 좋은 일에 힘쓰기를 배우게 하라"(3:14).

제자들 역시 예수님께서 전도만을 의미하는 뜻으로 그 말씀을 하셨다고 생각하지 않았을 것이다. 자연을 가까이하고 살았던 그들에게 열매는 삶 속에서 얻을 수 있는 최선의 결과 혹은 가장 기분 좋은 보상으로 이해되었을 것이다.

그들은 다음과 같은 익숙한 표현을 아마도 기억했을 것이다.

포 도 나 무 의 비 밀

"(의인은) 시냇가에 심은 나무가 시절을 좇아 과실을 맺으며 그 잎사귀가 마르지 아니함 같으니 그 행사가 다 형통하리로다"(시 1:3).

실제적인 의미에서 과실이라는 단어는 선한 행실을 - 하나님을 영화롭게 하는 것이므로 하나님께서 귀히 여기시는 우리의 생각이나 태도, 혹은 행동들을 - 뜻한다. 이 땅에서 하나님께 마땅히 돌아가야 할 영광을 어떻게 하나님께 돌려드리는지가 우리 삶의 열매가 된다. 그래서 예수님께서는 이렇게 선포하셨다. "너희가 과실을 많이 맺으면 내 아버지께서 영광을 받으실 것이요"(요 15:8 상).

하나님께서 그리스도를 닮은 새로운 자질들을 우리 안에서 키우실 수 있도록 우리 자신을 내어드릴 때 우리는 내적인 열매들을 맺게 된다. "오직 성령의 열매는 사랑과 희락과 화평과 오래 참음과 자비와 양선과 충성과 온유와 절제니"(갈 5:22-23 상).

하나님께 영광을 돌리기 위해 하나님께서 우리를 통해 일하시도록 우리 자신을 내어드릴 때 우리는 외적인 열매들을 맺게 된다. 이 일에는 믿음을 나누는 일이 분명히 포함된다. 사도들은 생활의 모든 활동 무대를 열매 맺기 위한 기회로 보았다. 바울은 "하나님이 능히 모든 은혜를 너희에게 넘치게 하시나니 이는 너희로 모든 일에 항상 모든 것이 넉넉하여 모든 착한 일을 넘치게 하게 하려 하심이라"(고후 9:8)고 말했다. 창틀을 짜기 위해 나무를 베든, 병든 이웃을 돌보든, 외지에서 평생을 선교사로 살든 간에 하나님께 영광을 돌리고자 하는 마음을 품고 일할 때 외적인 열매가 나타나게 된다.

포 도 나 무 의   비 밀

그렇다면 열매 맺는 일은 얼마나 중요하고 소중한가? 예수님께서는 "내가 너희를 택하여 세웠나니 이는 너희로 가서 과실을 맺게 하고 또 너희 과실이 항상 있게 하여 내 이름으로 아버지께 무엇을 구하든지 다 받게 하려 함이니라"(요 15:16)고 말씀하셨다. 열매는 우리가 하늘에 영원히 비축해둘 수 있는 유일한 것이다. 진정한 열매는 늘 지속된다. 그리고 우리가 이 땅에서 구원을 받게 된 중요한 이유이기도 하다. 바울은 그리스도인들을 "그리스도 예수 안에서 선한 일을 위하여 지으심을 받은 자"(엡 2:10)라고 했다.

그저 우리의 꿈을 이루어주시려고 예수님께서 횃불을 든 그 사람들 속으로 우리를 인도하신 것이 아니다. 제자들과 마찬가지로 우리의 꿈은 언제나 너무 작다. 우리는 하나님의 꿈을 이루기 위해, 즉 놀라울 만큼 풍성

하 나 님 께 서   원 하 시 는   것

한 삶을 통해 하나님께 영광을 돌리기 위해 여기 이 땅 위에 존재한다. 이것이 바로 우리가 지금 그리고 영원히 우리의 가장 위대한 개인적인 성취를 이루는 길이다.

하나님의 계획 속에서 중요한 어떤 일이 우리의 삶에서 자동적으로 일어나게 되리라고 생각하고 있을지도 모르겠다. 그러나 그보다 더 진리와 동떨어진 생각은 없을 것이다. 정말로 열매를 생산해내는 포도밭이 되기 위해서는 가지들이 농부의 돌보는 손길에 상응하는 반응을 보여야 하기 때문이다. 그러나 앞으로 보게 되듯이 모든 가지들이 다 똑같은 반응을 보이지는 않는다. 사실상, 포도밭의 모든 가지는 제각기 독특하다. 그리고 추수하는 날 각기 다른

하나님의 계획 속에서 중요한 어떤 일이 우리의 삶에서 자동적으로 일어나게 되리라고 생각하고 있을지도 모르겠다.

포도나무의 비밀

크기의 열매를 달게 될 것이다.

포도밭으로 직접 가보자. 영원한 수확의 구체적인 네 단계를 보게 될 것이다. 지금 이 순간 우리의 삶이 하나님을 위해 어떻게 쌓여가고 있는지를 보여주는 선명한 그림을 얻게 될 것이다.

영광의 바구니

추수기를 맞은 포도밭이 있는 시골의 이른 아침, 아름다운 언덕을 이룬 포도밭으로 향하는 길을 따라 걸어가며 맑은 공기를 마신다. 포도나무가 즐비하게 늘어선 각 줄 사이의 가지마다 바구니들이 하나씩 놓여 있다. 동이 틀 무렵부터 농부가 이미 거기에 와 있었음을 짐작할 수 있다. 바구니가

동이 틀 무렵부터 농부가 이미 거기에 와 있었음을 짐작할 수 있다.

하나님께서 원하시는 것

놓인 모습으로 보아 그가 예상해온 결과들을 이미 평가하고 있음을 알 수 있다. 우리가 기대했던 대로, 농부는 수확물을 실은 달구지가 마을을 향해 덜그럭거리며 가기 전에 어떤 수확을 거두었는지를 스스로 확인해보아야 했다.

첫번째 바구니를 들여다본다. 아무것도 없다. 어떤 가지들은 한 송이의 포도도 맺지 못했다. "무릇 내게 있어 과실을 맺지 아니하는 가지는"(요 15:2 상)이라고 말씀하셨을 때 예수님께서는 바로 이런 가지를 염두에 두고 계셨다.

다음 줄로 가서 두번째 바구니를 들여다본다.

얼마나 다행인가! 바닥에 몇 개의 보기 좋은 포도송이가 놓여져 있다. 그렇다면 어떤 가지들은 열매를 맺었다는 뜻이다. 잘 찾아보면 열매가 달린 가지들을 볼

포도나무의 비밀

수 있을 것이다. 그런 가지를 예수님께서는 '과실을 맺는 가지'(2절)라고 묘사하셨다. 그러나 아직 그렇게 흥분할 만한 상황은 아니다. 우리는 농부의 기술과 그 언덕의 잠재력을 궁금해하기 시작한다.

다행스럽게도, 그 다음 줄은 보다 확신을 갖게 해준다. 바구니의 반 이상이 통통하게 즙이 찬 포도송이들로 채워져 있다. 이 바구니를 들고 나가게 된다면 뿌듯한 자랑스러움을 느낄 수 있을 것이다. 이런 가지는 예수님의 비유에서 '더 과실'(2절)을 맺는 가지다.

이보다 더 좋은 수확을 거둘 수도 있을까? 그렇다! 마지막 줄에 놓여 있는 바구니를 보고 즐거워하게 될 때까지 기다리라.

포도송이의 크기와 그 양이 현저하게 크다는 것을 곧 알게 될 것이다. 네번째 바구니에는 가장 크고 가장 먹

하나님께서 원하시는 것

음직스러운 포도송이들이 가득 들어 있다. 하나의 가지에서 그렇게 많은 열매를 맺으리라고는 생각도 하지 못했다. 이 가지는 예수님께서 '과실을 많이 맺나니'(5절)라고 하신 그런 가지다.

집에 도착할 즈음이 되어서야 예수님이 포도밭에서 하고자 하셨던 말씀의 의미를 온전히 이해하게 된다.

- 우리 각자는 분명하게 규정된 풍성함의 한 단계에 속하는 열매를 맺는(앞에서 바구니로 표시한) 가지다.

  • 바구니 1 - '과실이 없음.'

  • 바구니 2 - '과실이 있음.'

  • 바구니 3 - '과실이 더 있음.'

  • 바구니 4 - '과실이 많이 있음.'

- 하나님 아버지께서는 우리에게 더 많은 열매가 있게

되기를 간절히 원하시기 때문에 우리가 계속해서 보다 나아질 수 있도록, 즉 열매가 없는 가지에서 열매 맺는 가지로, 빈 바구니에서 차고 넘치는 바구니로 향상될 수 있도록 우리의 삶을 적극적으로 가꾸어가신다.

그리고 열매를 더 많이 맺는 일은 항상 가능하다. 왜 그런가? 우리는 과실을 맺고, 많이 맺고… 더 많이 맺도록 창조되었기 때문이다.

오늘 당신은 삶 속에서 얼마나 많은 열매를 맺고 있는가?

풍성하도록 창조됨

나는 전세계 사람들을 대상으로 오늘날의 그리스도인들이 어느 정도의 열매를 맺으며 살아가고 있다고 생각하는지를 물어보았다. 그 대답에는 일관성이 있었다.

하 나 님 께 서   원 하 시 는   것

그리스도인들의 거의 절반 가량은 열매를 거의 맺지 못하거나 전혀 맺지 못한다는 결론이었다. 그리고 나머지 삼분의 일 가량이 약간의 열매를 맺으며, 많은 열매를 맺는 사람은 5퍼센트에 불과했다.

당신이 다니는 교회의 그리스도인들을 볼 때, 이 통계 수치가 충격적이라고 생각하는가? 당신은 어디에 속해 있는가? 하나님의 백성들의 이 초상화가 사실이라면 포도밭에서의 가르침이 얼마나 중요한지를 금새 이해할 수 있을 것이다. 열매 맺는 일은 특정한 그리스도인들만을 위해 따로 떼어둔 어떤 독특하고 진기한 일이 아니다. 모든 그리스도인들에게 주어진 삶이다.

예수님께서 풍성한 삶을 살도록 우리를 선택하셔서 그 풍성함을 기대하시고, 우리가 간절히 그 풍성함을 바라도록 우리를 지으셨다면 반쯤 찬 바구니를 가지고 어

포 도 나 무 의   비 밀

떻게 성취감을 느낄 수 있겠는가?

  그 대답은 이렇다. 느낄 수 없다. 그리고 느낄 필요도 없다.

  앞으로 이어지는 여섯 장에 걸쳐서 삶을 변화시켜주는 포도밭으로부터 나온 세 개의 비밀을 보게 될 것이다. 거의 알려지지 않았거나 혹은 종종 오해되어온 그 각각의 원리들은 하나님을 위한 열매가 차고 넘치는 삶의 비밀을 밝혀줄 것이다. 나에게만 알려진 것들이라는 의미에서 그것들을 비밀이라 부르는 것이 아니다. 그보다는 문제를 해결하는 열쇠가 된다는 의미를 지닌다. 그러나 포도밭에서의 예수님의 가르침을 모르고 적용하지 않는다면 우리가 기대하는 풍성한 삶은 결코 경험할 수 없다고 분명히 말할 수 있다.

  다음 두 장은 특별히 자신의 가지에 열매가 없거나

하 나 님 께 서   원 하 시 는   것

아니면 거의 없다고 생각하는 사람들을 위한 내용이다. 열매를 맺지 못한 가지와 함께 있는 첫번째 빈 바구니를 먼저 살펴보게 될 것이다. 좋은 뜻을 가진 그리스도인들이 왜 혼란과 고통과 결핍 속에서 오랫동안 벗어나지 못하고 붙들려 있는지를 보게 될 것이다. 그리고 그럴 필요가 없는 이유를 이해하게 될 것이다. 보이지 않는 하나님의 손길이 우리의 삶 속에서 어떻게 일하시는지를 일단 깨닫고 긍정적으로 반응하기만 한다면 곧 풍성해지기 시작할 것이다. 그리고 그토록 오랫동안 그렇게 적은 것들을 받아들였던 삶이 의아하게 느껴질 것이다.

좋은 뜻을 가진 그리스도인들이 왜 혼란과 고통과 결핍 속에서 오랫동안 벗어나지 못하고 붙들려 있는지를 보게 될 것이다.

가 장 좋 은 소 식

셋. 가장 좋은 소식
(당신이 듣고 싶어하지 않았던)

최근에 한 수련회에서 나는 눈에 보이지 않는 그물에 걸려 있는 듯한 한 여인을 만났다. 캐더린은 총명하고 표현력이 뛰어난 60세 전후의 전문 직업인이었다. 사람들이 식사를 하면서 영적인 경험들을 이야기하는 동안 그녀는 자신은 가치 있는 그리스도인의 삶을 살아오지 못했다고 고백했다. "제 믿음은 죄책감을 불러일으키는 것 말고는 별다른 의미가 없는 것 같아요. 하나님은 항상 저를 불쾌하게 여기시는 것 같아요. 왜 안 그렇겠어요? 하나님을 위해 이 세상에서 별로 한 일이 없으니"라고 그녀는 말했다.

그날 저녁 그녀는 몇 차례나 자신의 믿음이 왜 아무런 효험도 없는 것인지를 드러내놓고 궁금해했다. 후식이 나왔을 때 내게 좋은 생각이 하나 떠올랐다. 그래서 "영적으로 침체된 상태에서 벗어나지 못하게 만드는 무언가가 있을 것 같다는 생각이 드는군요"라고 말했다.

"예를 들면 어떤 건가요?"라고 그녀는 물었다.

몇 가지 가능성들을 함께 타진해본 후 나는 한 가지 제안을 했다. "혹 용서하지 않는 마음이 아닐까요?"

"왜 그렇게 생각하시나요?" 그녀는 당황해하는 것 같았다.

"제가 잘못 생각한 것일 수도 있어요"라고 대답하면서 나는 그녀가 원한다면 좀더 이야기하고 싶다고 제안

가 장 좋 은 소 식

했다.

다음 날 아침 식사를 마치고 그녀는 나를 기다리고 있었다. 간밤에 잠을 이룰 수 없었으며, 그래서 긴 밤을 지새웠다고 했다. 내가 그녀를 도울 수 있을까? 어머니에 대해 분개하는 그녀의 속마음이 터져나올 때까지는 그리 오래 걸리지 않았다. 나는 그녀에게 어머니와 관계가 있는 모든 상처들과 비난들을 종이에 적어보게 했다. 다음 날 아침 다시 나를 찾아왔을 때 그녀는 종이 한 뭉치를 손에 든 채 떨고 있었다. 그녀의 눈은 한참을 울었다는 것을 말해주었다.

그녀는 낮은 목소리로 "맞았어요. 이것들이 제 삶을 조종하고 있었어요"라고 말하며 작은 글씨로 양면을 메운 다섯 장의 종이를 건네주었다. 각 항목마다 어머니에 대한 쓰라린 고발이 펼쳐져 있었다. 그것은 개인적인 상실감을 쌓아온 일생에 관한 이야기였다.

우리는 이야기했고 그녀는 눈물을 흘렸다. 한 시간쯤 지나자 그녀는 용서하지 못하는 마음을 회개하고 어머니를 용서할 수 있었다. 그후 그녀의 얼굴은 한 이십 년쯤 세월이 거꾸로 흘러간 듯 부드러워져 있었다.

나는 그녀에게 말했다. "자, 이제 하나님께로부터 새로운 무언가를 받을 준비가 되셨군요." 그녀도 동의했다.

6개월 후 그녀에게서 한 통의 편지를 받았다. 어머니와 화해를 했지만 그것은 시작에 불과하다고 했다. "하나님과 이야기하는 사이가 되었어요. 내 영혼이 다시 숨을 쉬는 것 같은 느낌이 들어요. 믿지 않는 친구들까지도 제 변화를 인정해요. 그리고 하나님을 섬기는 일도 즐겁게 할 수 있게 되었어요"라고 그녀는 썼다.

가 장 좋 은 소 식

캐더린과 같이 수백만의 진지한 그리스도인들이 보이지 않는 그물에 걸려 있다. 그들은 고통을 경험하며 실패했다고 느낀다. 그들의 생활 속에서는 영원히 중요한 가치를 지니는 것들을 거의 찾아볼 수 없거나 아니면 아예 찾아볼 수 없다. 그리고 그들은 그 이유를 알지 못한다.

당신도 그들 가운데 한 사람인가? 그렇다면 당신은 그날 밤 포도밭에서 예수님이 가장 먼저 생각하셨던 그런 신자이다. 이 장에서 우리는 열매를 맺지 못하는 가지와 빈 바구니를 살펴보게 될 것이다.

당신도 그들 가운데 한 사람인가? 그렇다면 당신은 그날 밤 포도밭에서 예수님이 가장 먼저 생각하셨던 그런 신자이다.

한동안 아무 열매도 맺지 못한 캐더린과 같은 가지를 하나님께서 어떻게 대하고 다루시는지를 살펴보게 될 것이다. 그리고 당신에게 경고가 될 수도 있는 몇몇 어려운 문제들을 접하게 될 것이다. 그러나 황폐함을 아름다운 것으로 바꾸어줄 수 있는 값진 비밀을 이해하게 될 것이다.

그렇게 되기 바란다면 가까이 귀를 기울이라.

열매 맺지 못하는 가지

예수님께서 "무릇 내게 있어 과실을 맺지 아니하는 가지는 아버지께서 이를 제해 버리시고"(요 15:2 상)라고 말씀하셨다.

이 얼마나 심각한 말씀인가! 어떤 성경학자들은 열매 맺지 못하는 사람은 그리스도인일 수 없다는 뜻으로 이 구절을 해석해왔다. 또 '제해버리시고'라는 표현은 어떤 사람이 구원의 증거를 보여주지 못하는 삶을 계속

가 장 좋 은 소 식

산다면 그는 구원받은 것이 아님을 뜻하는 것이라고 주장해온 사람들도 있다.

  그러나 '무릇 내게 있어' 라는 표현이 이 구절의 핵심을 이루어야 한다고 생각되지 않는가? 신약 성경은 거듭 반복해서 신자들을 '그리스도 안에' 있는 사람들로 묘사하고 있다(예를 들어 고린도전서 1장 30절, 고린도후서 5장 17절, 에베소서 2장 10절, 빌립보서 3장 9절). 따라서 '그리스도 안에' 있으면서도 한동안 열매를 맺지 못하는 가지와 같을 수 있다는 결론을 안전하게 내릴 수 있다고 나는 생각한다. 우리의 경험이 이 사실을 증명해준다. 당신이 나와 같은 사람이라면 아마도 아무 열매도 맺지 못하면서 일주일 혹은 일 년씩 그냥 보내기도 했을 것이다. 그렇기 때문에 예수님께서 이 말씀을 하셨다고 나는 생각한다.

그 밖에도 구원은 결코 우리 자신으로부터 시작되는 것이 아님을 우리는 알고 있다. "너희가 그 은혜를 인하여 믿음으로 말미암아 구원을 얻었나니 이것이 너희에게서 난 것이 아니요 하나님의 선물이라 행위에서 난 것이 아니니 이는 누구든지 자랑치 못하게 함이니라"(엡 2:8-9).

게다가 요한복음 15장 3절에서 "너희는 내가 일러준 말로 이미 깨끗하였으니"라고 하신 예수님의 말씀이 우리를 당황하게 한다. '제해버리다'라는 말이 '깨끗함'이라는 말과 어떤 관계를 가지는가? 그리고 '깨끗함'이 '과실을 맺지 아니함'과 어떤 관계를 가질 수 있다는 말인가?

그 대답은 두 부분으로 나누어 할 수 있다.

첫째, 요한복음 15장에 '제해버리다'라고 번역된

가 장 좋 은 소 식

'아이로(airo)'라는 헬라어 단어의 보다 분명한 의미는 '들어올리다' 혹은 '집어올리다'이다. 예를 들어, 아이로의 보다 정확한 번역은 예수님께서 오천 명을 먹이신 후 제자들이 남은 조각을 열두 바구니에 가득 차게 '거둔' 사건과(마 14:20) 구레뇨 시몬에게 억지로 예수님의 십자가를 '지게'한 사건(마 27:32) 그리고 세례 요한이 예수님을 세상 죄를 '지고 가는' 하나님의 어린양이라고 설명했던 사건(요 1:29) 속에서 찾아볼 수 있다.

사실상 성경에서나 헬라어 문학에서 아이로라는 단어가 '제해버리다'라는 뜻으로 사용된 적이 없다. 그러므로 요한복음 15장에 '제해버리다'라고 표현된 것은 적당하지 않은 해석이다.

'들어올리다'라는 말은 가지를 들어올리기 위해 그 위로 상체를 굽히는 농부의 모습을 보여준다. 그러나

포 도 나 무 의   비 밀

왜?

그 대답을 몇 년 전 웨스트 코스트에서 있었던 목사들을 위한 수련회에서 알게 되었다. 햇볕에 그을린 얼굴을 한 어떤 사람이 내게 와서 "요한복음 15장을 이해하십니까?"라고 물었다.

나는 "완전하게는 아닌데요. 왜 그러세요?"라고 대답했다.

"전 캘리포니아 북부에서 큰 포도밭을 재배하고 있어요. 그래서 전 이해할 수 있다고 생각합니다"라고 그는 말했다. 나는 그 자리에서 그에게 커피를 사겠다고 했다.

들어올리다

탁자를 가운데 두고 서로 마주 앉자 그는 포도밭 곳

가장 좋은 소식

곳을 다니며 오랜 시간 포도나무를 손질하고 포도가 자라는 모습을 지켜보며 추수하기에 가장 좋은 날을 기다리는 농부의 생활에 대한 이야기를 시작했다.

"가지들은 밑으로 처져 땅 위를 기며 자라는 성향을 가지고 있어요. 그러나 그렇게 되면 열매를 맺지 못해요. 땅 위를 기면서 가지가 퍼지게 되면 잎들이 먼지에 뒤덮이게 되거든요. 그리고 비가 오면 진흙이 묻고 곰팡이가 피게 돼요. 그러면 가지는 병이 들고 쓸모없게 되지요"라고 그는 설명했다.

"그럼 어떻게 하시나요? 잘라서 던져버리나요?" 나는 물었다.

그는 "아니오"라고 소리쳤다. 그리고 "가지는 던져버리기에는 너무 귀해요. 우리는 물이 든 양동이를 가지고 포도밭을 돌아다니며 그런 가지들을 찾아요. 그리고 들어올려서 씻어주지요"라고 말했다. 그는 검게 그을린 거친 손으로 내게 어떻게 하는지를 보여주었다. "그런 다음 울타리 주위에 매주거나 그 위에 묶어주지요. 그러면 곧 무성하게 잘 자라요."

그가 이야기를 하는 동안 나는 그날 밤 포도밭에서 가르치시며 하셨을 예수님의 손동작을 그려볼 수 있었다. 예수님은 맛있는 과실의 풍작을 위해 아버지께서 어떻게 그 농작물들을 돌보시는지 확실하게 보여주셨다. 하나님은 떨어진 가지들을 흙 속에 내버려두거나 던져버리지 않으신다. 들어올려 깨끗이 닦아주시고 다시 무성해질 수 있게 도와주신다.

불현듯 나는 놀라운 통찰력을 얻을 수 있었다. **들어올려… 깨끗케 하고…**. 그 후 나는 요한복음 15장을 다시는 그 이전과 같은 방식으로 읽지 않게 되었다.

가 장 좋 은 소 식

그리스도인들에게 있어서 죄는 포도 잎사귀를 뒤덮는 먼지와 같다. 공기와 빛을 차단한다. 그래서 가지는 시들어가고 열매를 맺을 수 없게 된다. 우리의 농부께서 진창과 곤경에 빠진 우리를 어떻게 들어올리시는가? 바구니에 열매를 채우는 일을 시작할 수 있도록 우리의 황폐해진 가지를 어떻게 아름답게 하시는가?

이 질문에 대한 대답이 바로 포도나무의 첫번째 비밀이다.

포도나무의 첫번째 비밀

열매 맺지 못하는 삶이 계속된다면
하나님께서 징계하기 위해
당신의 삶에 개입하실 것이다.

필요하다면 회개하게 하시려고 고통스런 방법을 사용하실 것이다. 그분의 목적은 하나님의 영광을 위해 보다 풍성한 삶을 살아갈 수 있도록 우리를 깨끗케 하시고 죄로부터 자유케 하시는 것이다.

성경은 이 과정을 훈계 혹은 징계라 말하고 있는데 나는 우리가 듣고 싶어하지 않았던 가장 좋은 소식이라 부른다.

유익한 상처

징계는 우리가 추구하는 헛되고 파괴적인 것들로부터 떠나도록 우리를 들어올리시는 우리 아버지께서 우리의 삶에 개입하실 때 일어나게 된다. "너는 사람이 그 아들을 징계함 같이 네 하나님 여호와께서 너를 징계하시는 줄 마음에 생각하고"(신 8:5).

가장 좋은 소식

물론, 우리는 모두 다 타락한 피조물이다. 종종 죄를 짓는다. 그러나 일반적으로 하나님의 징계는 크게 두드러진 죄, 즉 우리의 삶을 메마르게 방치해두고 있는 태도나 행동 때문에 시작된다.

자녀가 징계를 좋아하는가? 아니다(그래서 우리는 징계를 피하려고 혹은 없을 거라고 생각하면서 그렇게 많은 시간을 보내는 듯하다). 그렇다면 아버지는 징계를 좋아하시는가? 아니다(자녀를 키우고 있다면 자녀들이 고통당하는 것을 얼마나 꺼리는지 잘 알 것이다. 하나님의 마음도 바로 그렇다).

징계는 마음으로 결단한 사랑을 표현하는 하나의 방법인가? 두말할 것도 없다!

하나님께서 어떻게 우리를 깨끗케 하시는지를 이해하는 데 열쇠가 되는 성경 본문을 히브리서에서 찾아볼 수 있다.

"내 아들아 주의 징계하심을 경히 여기지 말며 그에게 꾸지람을 받을 때에 낙심하지 말라 주께서 그 사랑하시는 자를 징계하시고 그의 받으시는 아들마다 채찍질하심이니라"(12:5-6).

우리는 이 구절로부터 중요한 원리들을 배울 수 있다.

- 징계하시는 분은 하나님이시다.
- 그는 모든 신자들을 징계하신다.
- 그는 항상 사랑으로 행하신다.

'들어올리다' 라는 표현을 - 요한복음 15장에 나오는

가 장 좋 은 소 식

농부의 개입을 - 히브리서와 성경의 다른 부분에 사용된 징계라는 단어와 연결짓고 있음을 주목하라. 예수님의 포도밭 비유를 제외한 다른 곳에서 교정이라는 단어와 동의어로 아이로라는 단어가 사용된 곳을 찾아볼 수 없다. 그 관련성을 살펴보기 위해 보다 폭넓은 질문을 하나 하고자 한다. 하나님께서는 제 고집대로 하는 신자들을 어떻게 대하시는가? 농부가 제 마음대로 뻗어나가려는 가지에 필요한 조치를 취하듯 하나님께서 그들을 교정하는 데 필요한 조치를 취하신다는 것이 그 답이다.

사랑의 하나님께서 왜 우리에게 아주 적은 고통이라도 주고 싶어하시겠는가? 우리의 주의를 환기시키고 우리의 삶을 통해 가장 바람직한 결과를 얻게 하시려고 그렇게 하신다. 히브리서 12장 11절에 설명된 대로 "무릇 징계가 당시에는 즐거워 보이지 않고 슬퍼 보이나 후에 그로 말미암아 연달한 자에게는 의의 평강한 열매를" 맺게 한다.

부모들은 이 일이 어떻게 이루어지는지를 잘 알고 있다. 오래전 나는 무서워할 줄 모르는 다섯 살짜리 아들 타이론에게 함부로 길을 건너서는 안 된다고 거듭 말했었다. 사랑하는 마음을 가지고 그렇게 했다. 그런데 타이론은 자기가 좋아하는 공이 길 한가운데로 굴러가자 그 규칙을 무시해버렸다.

그래서 개입을 하게 된다. 그동안 타일러온 말이 마음에 새겨지지 않았으므로 방 한쪽 구석에 앉힌 다음 "길에 뛰어들어서는 안 된다"를 오십 번 반복하게 한다. 아니면 아이를 방에 가두고 반성하게 하거나, 아이가 소중하게 여기는 공을 빼앗을 수도 있을 것이다. 타

가 장 좋 은 소 식

이론은 뒷걸음질치면서 고집을 부리고 소리를 질러댈 것이다. 그러나 부모로서 행동을 취하지 않을 수 없다. 지나다니는 자동차의 위험을 아이가 다 이해하지는 못한다 할지라도 자신의 실수를 부정적인 결과들과 연관지어 생각하는 것을 배울 수는 있다.

  어린 시절의 좋지 않은 경험들 때문에 하나님의 징계를 잘못 오해하는 사람들이 많다는 사실을 인정해야 한다. 당신도 그들 가운데 한 사람일 수 있다. 그렇다면 하나님 아버지에 대한 신리를 기초로 해서 달리 생각헤보도록 격려해주고 싶다. 하나님 아버지는 분노나 혹은 이기적인 욕구 때문에 우리를 징계하는 일이 결코 없으시다. 결코 자제력을 잃지도 않으신다. "(육체의 아버지는) 잠시 자기의 뜻대로 우리를 징계하였거니와 오직 하나님은 우리의 유익을 위하여 그의 거룩하심에 참예

케 하시느니라"(히 12:10).

하나님은 우리가 소원하지만 그분의 도움 없이는 이룰 수 없는 삶과 성품을 향해 나아가도록 우리의 주의를 환기시키기 위해, 사랑스럽고 지혜로우며 끈질기게 행하신다.

모든 것이 우리에게 달려 있다

징계하시는 하나님의 마음의 동기를 이해하게 되면 징계는 계속될 필요가 없다. 모든 것은 우리에게 달려 있다. '죄를 놓지 않고 붙들고 있는 한 고통만을 경험하게 될 것이다'라는 놀라운 진리를 얻어낼 수 있다.

결국, 땅에 떨어진 가지를 돌보는 농부는 고통이 아닌 풍성함과 기쁨만을 생각한다. 가지가 깨끗해져서 다시 무성해질 준비가 되면 더 개입해야 할 필요가 없어

가장 좋은 소식

진다. 그렇기 때문에 하나님께서 어떻게 우리를 다루시는지를 알고 불필요한 징계와 징계가 연장되는 것을 피할 수 있도록 도우려는 것이 나의 목적이다.

하나님께서는 우리가 그분께 교정받는 것을 추구하거나 즐거워할 것을 기대하지 않으신다. 우리가 지금 징계를 받고 있다면 하나님께서는 우리가 그 징계를 벗어나게 되기를 우리 자신보다 더 바라신다.

그리고 그분의 징계에는 언제나 하나님과 우리와의 관계라는 한 요소만이 다루어지고 있음을 기억하라. 어머니가 자녀를 꾸중할 때 그 자녀에 대한 관심을 끊어 버리거나, 이야기를 하지 않거나, 그 보상으로 자녀의 사랑을 원하는 것이 아니다. 하나님 아버지께서 우리를 단호하게 다루시기 때문에 우리가 스스로 자신을 가치 없고 좋아할 수 없는 패배자라고 생각하게 되기를 사단은 바랄 것이다. 오히려 징계를 받아본 적이 한 번도 없다면 하나님의 호의를 의심해보아야 할 것이다. 왜냐하면 성경은 "징계는 다 받는 것이거늘 너희에게 없으면 사생자요 참 아들이 아니니라"(히 12:8)고 말하고 있기 때문이다.

어려운 문제들

당신의 가지가 병들어 있는가? 그리스도인들이 징계에 대한 예수님의 이 가르침을 처음으로 깨닫게 되면 대부분은 충격을 받고 슬퍼한다. 힘들고 고통스런 환경과 하나님께서 우리의 죄 때문에 의도적으로 개입하고 계신다는 사실을 너무나 오랫동안 연결시키지 못하고 있었다는 사실을 깨닫고 충격을 받게 된다. 그리고 불필요한 그 모든 고통과 재난을 때로는 몇 년씩이나 견

가장 좋은 소식

더야 했던 것을 슬퍼하게 된다.

앞에서 소개했던 총명한 여인 캐더린은 실망과 고통으로 이루어진 잿빛 세상에 갇혀 있었다. 그녀는 그런 증세를 근원적인 문제로 오해하고 있었다. 그녀의 경우에는 용서하지 않는 마음, 분개, 분노, 미움, 복수심이었다. 그러나 사실 그녀의 죄 때문에 하나님께서 그녀를 징계하고 계셨다. 하나님께서는 그녀의 마음과 영혼이 건강하고 열매 맺는 삶을 살기를 원하셨다. 또 빈 바구니가 그녀가 느끼는 비참한 고통의 한 부분으로 깊이 자리잡고 있음을 아셨다.

빈 바구니가 그녀가 느끼는 비참한 고통의 한 부분으로 깊이 자리잡고 있음을 아셨다.

하나님의 징계와 관련된 어려운 문제들이 당신을 경고하게 될 거라고 언급했던 것을 기억하는가? 다음 장에

포 도 나 무 의   비 밀

서 우리는 그리스도인들이 오랫동안 징계를 무시해버렸기 때문에 무기력과 질병, 심지어는 죽음까지 맞이하게 되는 고통을 당할 수 있음을 보게 될 것이다. '하나님의 징계가 그렇게까지 혹독할 수도 있을까?'라고 묻고 싶을 것이다. 그 질문에 대한 대답 때문에 당신은 놀라게 될 것이다. 그리고 먼지와 흙 속에서 단 일 분도 더 머무르지 않아야 할 강한 마음의 동기를 얻게 될 것이다.

지금까지 첫번째 비밀의 일부, 즉 하나님께서 열매를 맺지 않는 사람들을 언제나 징계하신다는 사실을 소개했다. 하나님께서 어떻게 그 일을 행하시는지 그리고 하나님의 징계가 끝나도록 우리는 어떻게 반응해야 하는지를 이해하는 것이 열매 맺는 다음 단계로 나아가는 비밀의 또 한 부분을 이룬다. 빈 바구니 속에 달콤한 포도송이들을 담을 수 있게 되는 단계다.

점진적인 사랑

넷. 점진적인 사랑

 어머니의 치켜 올라가는 눈썹의 위력을 생각해보라. 어렸을 때 어머니는 그 단 한 번의 눈썹 동작으로 내 정신을 번쩍 들게 하셨고, 과자 통에 넣었던 손을 움찔하며 빈손으로 꺼내게 만드셨으며, 또 한참 조잘대던 내 입을 꾹 다물게 하셨다.

 나는 다섯 형제와 함께 자랐다. 식탁에서 우리 가운데 한 사람이라도 버릇없이 굴 경우 어머니의 치켜 올라가는 눈썹은 야단을 맞게 될 것을 예고해주는 첫번째 신호가 되었다. 그 눈길은 '브루스, 너 지금 뭐 하고 있는 거야?'라는 뜻이었다.

어머니의 작은 경고에는 모든 어리석은 행동을 중단시키는 엄청난 힘이 들어 있었다(그 생각을 하는 것만으로도 나는 몸을 똑바로 세우고 앉게 된다). 어머니의 눈썹이 엄청난 영향력을 발휘할 수 있었던 것은 그 눈썹에 주의를 기울이지 않았다가는 어떤 일이 벌어지게 될지를 경험을 통해 알고 있었기 때문이었다.

농부이신 하나님께서도 그와 비슷한 방법으로 그 자녀들이 방향을 조절하도록 만드신다. 열매 맺는 능력을 가로막는 죄를 우리가 허용하고 있을 때 하나님께서 개입하신다. 처음에는 가벼운 동작으로 시작하신다.

그러나 그때 그분을 무시하게 되면 어떤 일이 벌어지는가? 하나님의 징계가 그저 '눈썹을 치켜 올리는' 정도

점 진 적 인   사 랑

로 끝날 것이라 생각하며 주의를 기울이지 않는다면 어떻게 될 것인가?

곧 알게 되겠지만 하나님께서 사랑의 회초리를 드실 것이다.

징계는 우리가 황폐함을 벗어나 열매를 맺을 수 있게 하기 위한 하나님의 적극적인 해결 방안이라는 사실을 앞 장에서 이미 살펴보았다. 우리는 죄를 우리 삶 속에서 영원한 가치를 지니는 것들을 거의 없게 하거나 아주 없게 만드는 원인으로 보았다. 징계는 바구니를 채우는 열매 맺기를 시작할 수 있도록 우리를 깨끗케 하는 농부의 전략이다.

'내가 지금 징계를 받고 있는 것은 아닐까?' 라는 생각을 아직도 하게 된다면 다음 질문을 해보라.

'하나님과 함께 걸어온 삶을 돌아볼 때 그 전에 붙들

려 있었던 죄악된 행동이 더 이상 문젯거리가 되지 않게 된 것이 분명한가? 이전에 내 생활을 지배했던 생각들과 태도들과 행동들이 이제는 더 이상 그렇게 나를 지배하고 있지 않은 것이 분명한가?'

이 질문들에 그렇다는 긍정적인 대답을 할 수 있다면 당신은 하나님을 향해 그리고 하나님과 함께 위를 향해 나아가고 있는 것이다. 그러나 만일 그렇지 않다면 당신의 바구니는 아마도 비어 있고, 의심할 여지 없이 당신은 징계를 받고 있는 것이다. 하나님께서 당신의 주의를 환기시키기 위해 어느 정도의 징계를 사용하고 계시는지 이해하려고 노력하기 바란다.

개입의 정도를 보여주는 세 단계

교정이 필요할 때 하나님께서 당신을 향한 그분의 기

점진적인 사랑

대를 어떻게 알려주시는지 분명하게 인식하고 있는가? 히브리서 12장의 구절들을 다시 살펴보면 하나님께서 개입하시는 세 가지 단계를 발견할 수 있다. 그리고 우리가 열매를 맺을 수 있도록 하나님께서 우리 삶 속에서 어떻게 일하시는지 더 이상 혼동하지 않고 살아가게 될 것이다.

징계의 첫번째 단계는 이름을 부르는 소리만 듣고도 죄를 깨닫게 하는 것과 같이 단순할 수 있다.

1단계 : 책망 – "아들아… 그에게 꾸지람을 받을 때에 낙심하지 말라"(5절).

책망은 말로 하는 경고이다. 저녁 식탁에서 내가 어머니의 치켜 올라가는 눈썹에 곧장 반응을 보일 정도로 현명하다면 평화는 곧 회복된다. 그리고 가족들과의 식사 시간은 곧 모두에게 즐거운 시간이 된다. 그러나 내가 계속해서 버릇없이 군다면 부모님의 노력은 단계적으로 확대될 것이다. 아버지는 목청을 가다듬으실 것이다. 그건 '브루스, 엄마의 눈썹이 위로 올라간 걸 아직도 눈치채지 못한 모양이구나?' 라는 뜻이 된다.

그러고도 여전히 내가 정신을 차리지 못하고 있으면 아버지께서 내 이름을 낮은 목소리로, 의도적으로, 권면하는 어조로 부르실 것이다. "브루스!"

아버지는 나를 부당하게 대하지 않으셨다. 징계의 첫 단계에서 이런 책망은 잘못된 내 선택의 결과이며 더 심한 고통으로부터 나를 구해주려는 뜻을 담고 있다.

우리는 하나님의 책망을 듣는다. 그러나 그 책망에 언제나 반응을 보이려고 하지는 않는다. 하나님께서는 여러 가지 방법으로 우리에게 책망하는 소리를 들려주

점진적인 사랑

신다. 우리의 양심을 따끔하게 찔러주시거나, 다른 사람들을 통해 주시는 시기 적절한 충고, 혹은 성경 말씀이나 설교 또는 성령님의 책망 등을 통해 말씀하신다. 이렇게 다양한 방법들을 통해 우리의 주의를 환기시켜 주시고 위험한 길을 떠나게 하시는 하나님은 얼마나 친절하고 놀라운 분이신가?

이렇게 말로 주어지는 신호들은 어린아이들을 향한 어머니의 빈번한 요청처럼, 하나님의 가정 안에서 우리가 경험하는 가장 일반적인 징계의 형태다. 우리는 언제나 귀를 열어두어야 한다. 그러나 굳은 마음으로 귀를 막아버린다면 그것은 하나님 아버지께서 그 징계를 보다 강화하시도록 만들게 된다.

2단계 : 벌(징계) – "주께서 그 사랑하시는 자를 벌(징계) 하시고"(6절 상).

성경의 다른 부분에서는 벌이라는(한글 개역 성경에는 '징계'로 번역되어 있음 - 역자 주) 단어가 징계라는 단어 대신 사용되어 있다. 그러나 이 본문에서는 징계의 보다 심각한 정도를 보여주는 구체적인 의미로 사용되었음을 볼 수 있다

이 벌은 근심이나 낙담 혹은 낭패감 같은 감정적인 느낌을 받게 한다. 기쁘던 것들이 전혀 기쁨이 되지 못한다. 직장에서, 가정에서, 건강이나 경제 사정에 압박감이 증대된다.

저녁 식탁에서 어린 브루스가 받는 벌은 식사가 끝날 때까지 방으로 쫓겨나는 것을 뜻할 수 있다. 가족들과 함께하는 즐거움과 음식을 빼앗기는 것이다. 책망이 효

점진적인 사랑

력을 발하지 못했다. 따라서 벌로 인한 불쾌한 감정이 그 효력을 발해줄 수 있으리라 기대하는 것이다.

이 단계의 징계를 당하면서도 그 신호를 감지하지 못하고 있는 그리스도인들이 많이 있다. 그들은 교회에서 만족을 얻지 못하고, 그리스도인 친구들을 비난하며, 하나님과는 '사이가 틀어져' 있다. 성경 말씀은 기뻐할 만한 안도감을 주기보다는 마치 납덩이같이 무겁게 느껴진다. 주님과의 관계는 앞 장에서 본 캐더린의 경우처럼 이유를 알 수 없는 슬픔 혹은 무기력으로 시들어져 있다.

이런 증상들이 익숙하게 들린다면 교회에 더 많이 나가거나, 보다 바람직한 태도를 가지고 성경을 읽으려고 노력할 필요가 없다. 그보다는 삶 속에서 지속되고 있는 죄를, 우리의 잎사귀를 흙먼지로 뒤덮고, 우리를 하나님의 최선으로부터 단절시키는 죄를 찾아내야 한다.

만일 아무런 반응도 보이지 않는다면 더 극단적인 방법을 취하도록 사랑이 하나님을 몰아붙이게 될 것이다.

3단계 : 채찍질 – "그의 받으시는 아들마다 채찍질하심이니라"(6절 하).

채찍질은 징벌을 가하기 위해 매를 드는 것이다. 이 단어는 복음서에서 로마 군병들이 예수님을 십자가에 못 박기 전 갈대로 그 머리를 치는 장면을 묘사할 때 사용된 단어와 같다. 그리 보기 좋은 그림은 아니다. 실제로 채찍질이라는 단어는 '극심한 고통을 야기시키는'이라는 표현으로 대체될 수 있다.

얼마나 많은 그리스도인들이 이런 채찍질을 경험한다고 생각하는가? 하나님께서 '그의 받으시는 아들마

점진적인 사랑

다' 채찍질하신다는 구절을 읽게 될 때 아마도 상당한 충격을 느낄 것이다. 그것은 당신도 이미 채찍질을 당했음직하다는 뜻이 된다.

이 단계의 징계는 우리가 옳다고 인정하는 것들을 명백하게 무시하고, 죄악된 삶을 드러내놓고 살아가고 있을 때 가해진다. 하나님께서 반항적인 삶을 떠나 열매 맺는 삶으로 돌아서게 하시려고 앞서 행하셨던 모든 시도들에 주의를 기울이지 않았다. 따라서 정신을 차리게 하시려고 보다 심한 고통을 가하지 않을 수 없으시다.

제멋대로 고집을 피우는 어린 브루스를 생각해보라. 그 어떤 방법 앞에서도 고집을 꺾으려 하지 않는다면 아버지는 나를 방으로 쫓아내신 다음 매를 기다리게 하실 것이다. 무릎이 덜덜 떨리고 입술은 하얗게 질리게 될 것이다. 어떤 것이 - 결코 잊지 못할 회초리가 - 기다리고 있는지를 잘 알고 있기 때문이다.

고통, 그것은 모든 사람들이 싫어하는 것이지만 분명히 정신을 차리게 해주는 것임에는 틀림이 없다. 안 그런가? C. S. 루이스(C. S. Lewis)는 하나님께서 즐거움을 통해서는 잔잔하게 말씀하시지만 고통을 통해서는 고함을 지르신다고 했다. 우리의 하나님 아버지께서 때로 고함을 지르셔야만 한다.

오래 지속되는 죄를 매우 심각하게 여기신다. 그리고 행동을 취하실 것이다. 그 결과는 대부분의 그리스도인들이 생각하는 것보다 훨씬 더 격렬하게 나타난다. 바울은 고린도 교회 내에 있던 회개하지 않은 죄가 그 작은 공동체를 뒤덮는 심상치 않은 장막이 되었다고 말했다. 교회의 구성원들은 중대한 죄를 드러내놓고 범하고 있으면서도 마치 아무 일 없었던 것처럼 성만찬에 참여

점진적인 사랑

했다. 바울은 그들의 그런 행동은 그들뿐 아니라 다른 사람들에게도 심판을 불러오게 하는 것이라 말했다. "이러므로 너희 중에 약한 자와 병든 자가 많고 잠자는 자도 적지 아니하니"(고전 11:30).

이해가 되는가? 신자들 사이에 지속되는 죄 때문에 많은 사람들이 병으로 약해졌고, 더 많은 사람들이 병에 걸렸으며, 또 죽은 사람들도 있었다. 구약 시대에 일어났던 일이 아니다. 지금 우리의 교회와 상당히 비슷했던 신약 시대의 교회에서 일어난 일이었다.

오늘날 수많은 그리스도인들이 스스로 하나님을 위한 열매를 맺지 못하고 있다는(계속되는 죄의 결과라고 우리가 배우게 된) 사실을 인정하고 있기 때문에 결과적으로 무시무시한 고통을 당하는 사람들이 많이 있을 수 있지 않겠는가?

포 도 나 무 의 비 밀

이런 증거에 대해 무슨 말을 할 수 있겠는가?

나는 그것이 우리가 도전해야 할 영역이며, 다음의 몇 가지 사실에 유의하면서 감당해나가야 할 부분이라는 사실을 분명하게 의식하고 있다.

- 하나님은 죄를 범한 사람을 간접적으로 징계하시기 위해 무고한 사람을 다치게 하지는 않으실 것이다. 다시 말해서 당신이 바람을 피웠기 때문에 당신의 어머니가 대신 암에 걸리는 일은 없을 것이다(딸이 저지른 잘못 때문에 아들을 방으로 쫓아보내겠는가).
- 하나님께서 우리를 징계하실 때 그것은 하나님의 비열함이나 성급함, 분노 때문이 결코 아니다.
- 하나님께서는 우리 각자가 이 세상을 떠나는 순간까지 하나님께 반응할 수 있는 기회를 갖게 해주신다.

점진적인 사랑

이런 점들에 유의하면서 바울의 경고를 매우 진지하게 받아들여야 한다. 그래야 하는 이유는 '여호와를 경외하는 것이 지혜의 근본' (잠 9:10)이기 때문이다. 만일 장기간 지속되는 심각한 죄의 대가가 상당히 심하게 나타난다면 왜 수많은 그리스도인들이 그런 죄를 다루지 않고 계속 열매 맺지 못하는 황폐한 삶을 살아가는 것일까? 라는 생각을 해보아야 한다.

그 주된 이유는 그들이 잘못된 오해 속에 얽매여 있기 때문이라고 나는 생각한다.

좋은 의도를 가진 사람들이 그들의 행동을 정화하지 못하도록 막고 있는 것은 무엇인가?

신념들은 분간하기가 어렵다. 그 한 가지 이유는 우리가 무엇을 믿고 있는가를 결정하기 위해 우리가 무엇

포 도 나 무 의   비 밀

을 행하고 있는지를 지켜보는 대신, 우리가 하는 말에만 귀를 기울이는 경향이 있기 때문이다. 또 다른 한 이유는 우리의 잘못된 신념들이 가져다주는 편안함을 너무나 좋아하기 때문에 잘못된 것이 없다고 스스로 믿고 싶어하기 때문이다. 나는 수년 동안 잘못된 신념들의 포로가 되어온 수천 명의 그리스도인들을 만났다.

당신은 다음의 잘못된 목소리들을 듣고 있지는 않은가?

- "고통이나 부정적인 환경은 당연한 결과이거나 혹은 주어진 운명이지 나의 선택과는 아무런 관계가 없다."
- "하나님께서 내게 징계를 가하신다면 그건 아마도 일회적인 사건으로 끝날 것이다. 하나님은 쉽게 용서해주시는 분이기 때문에 점점 더 강도가 심한 징계를 가하시거나 내 죄를 멈추게 하시려고 의도적으로 내

점진적인 사랑

  게 고통을 주지는 않으실 것이다."
- "솔직하자. 소위 죄라고 부르는 것으로부터 내가 얻을 수 있는 즐거움이 그것을 그만둠으로 내가 얻을 수 있는 영적인 유익보다 더 크다. 그리고 어쨌거나, 사실상 내 죄는 그 누구에게도 해를 미치지는 않는다."
- "어쩔 수가 없다. 이 문제는 어린 시절부터 이어져온 것이다. 그런데 왜 하나님께서 징계를 가하는 대신 은혜를 더 베풀지 않으시겠는가?"
- "내가 죄를 지었다는 이유 때문에 하나님을 위해 내가 아무것도 할 수 없는 것은 아니다. 하나님은 굽은 막대기도 사용하신다. 우리가 다 빌리 그래함처럼 될 수는 없다."
- "이건 죄가 아니다. 그저 내 심성이 약해서 쉽게 끊지 못하고 씨름하고 있는 것뿐이다."

포 도 나 무 의   비 밀

    만일 이런 잘못된 생각을 하나라도 하고 있다면 그건 '내 죄에는 아무 대가도 따르지 않을 것이다. 하나님께서는 아무 상관도 하지 않으실 것이다. 죄를 끊어버리기에는 죄가 너무나 좋다. 나는 죄를 끊을 수 없다고 확신해왔다. 내 죄 때문에 내 효율성이 떨어지지는 않을 것이다'라고 말하는 것과 같다는 사실을 알고 있는가? 그리고 결국 '내 문제는 사실 죄라고 할 수도 없다'라고 말하는 것이다.

    이런 생각을 하고 있다면 불필요한 고통에 당신을 가두어온 거짓을 내어버리고 진리를 받아들이라. 징계 속에 더 오래 머물면 머물수록 징계의 강도를 강화해주시기를 하나님께 더욱더 요청하고 있는 것이다. 열매 맺지 못하게 막고, 바구니를 텅 비어 있게 만드는 죄로부터 전심으로 돌아서라.

점진적인 사랑

즐거운 방향 전환

이 잊을 수 없는 소망에 찬 방향 전환을 성경에서는 회개라고 표현하고 있다. 회개는 하나님께서 우리에게 약속하신 풍성함을 가로막는 죄로부터 돌아서는 것이다. 어느 날 흙먼지 속에서 뒹굴려고 고집했던 과거의 모습을 돌아보면서 하나님 아버지의 자애를 왜 그렇게 오랫동안 그렇게 값비싼 대가를 치르며 거부하려 했던 것일까라고 생각하게 될 것이다.

하나님의 징계에 대해 반응할 때 우리는 즉각적인 유익을 얻는다. 징계로 인한 훈련을 받아들이게 될 때 우리는 죄를 피할 수 있을 뿐 아니라 또한 성숙한 모습으로 자랄 수 있게 된다. 히브리서는 "(징계로) 말미암아 연달한 자에게는 의의 평강한 열매를 맺나니"(12:11)라고 말하고 있다. 회개는 우리를 원점으로 돌아가게 하는 것이 아니다. 하나님께서는 우리를 마이너스 10에서 플러스 10으로 이끌어 올리신다.

회개 역시 일회적인 행동이 아니다. 반항적인 삶을 버리고 하나님의 용서를 받아들이는 지속적인 헌신의 한 생활 양식이다. 어떤 죄들은 우리를 너무나 꽉 얽어매고 있기 때문에 지속적인 도움과 책임 있는 관리가 필요하기도 하다. 심하게 망가지거나 지독한 중독 증세를 극복한 사람들은 이 진리가 너무나 사실임을 잘 알고 있을 것이다.

우리 각자는 매일 하나님께서 우리를 빚으시고 깨끗케 하실 수 있도록 우리 자신을 그분께 내어드리라는 초청을 받고 있다. 매번의 방향 전환을 통해 우리는 하나님의 기뻐하심을 점점 더 직접적으로 경험하게 된다.

다음 장에서는 '과실을 맺는' 단계에서 '과실을 더

점진적인 사랑

맺는' 단계로 나아가는 비밀을 발견하게 될 것이다. 농부들은 황폐하던 가지가 일단 무성해지면 풍성한 추수가 약속된다는 사실을 잘 알고 있다.

눈을 뜨게 해준 시골 마을

다섯. 눈을 뜨게 해준 시골 마을

어느 해 초봄 달린과 나는 가족들과 함께 시골로 이사했다. 우리 가족은 삶의 여유를 가질 필요가 있었다. 우리는 새로 이사한 곳의 아름다움을 즐길 수 있기를 바랬다.

이삿짐을 풀고 며칠이 지난 어느 날, 차고에서 어슬렁거리고 있던 나는 우리 집과 경계를 이루고 있는 옆집 사람이 울타리를 따라 뻗어 있던 포도나무를 마구 잘라 내고 있는 모습을 보게 되었다. 나는 우리가 그 포도나무를 함께 공유하고 있다고 생각하고 있었다. 시골에서는 보통 그렇지 않은가 말이다. 우리 식구는 이미 바구니에 포도송이를 담게 될 가을을 고대하고 있었다.

나는 인사를 건네러 다가갔다. 작업복을 입은 덩치가 크고 머리가 희끗희끗한 우리 이웃은 보기 드물게 커다란 원예용 가위를 사용하고 있었고, 그 주위에는 잘린 포도나무 가지들이 쌓여 있었다.

나는 실망감을 감추려 애쓰며 "포도를 안 좋아하시나봐요?"라고 물었다.

"아니, 좋아합니다"라고 그는 대답했다.

"그래요? 저는 이 포도나무에서 나는 열매를 같이 나눌 수 있을 거라고 생각했습니다. 그리고 전…." 나는 망설였다. 말을 하기에는 이미 때가 너무 늦은 듯했다.

그는 잘 닦인 내 구두를 내려다보더니 "도시에서 오

눈을 뜨게 해준 시골 마을

신 것 같은데… 안 그렇습니까?"라고 물었다.

"꼭 그런 건 아니지만…."

"포도에 대해 잘 모르실 것 같은데… 어떠십니까?"라며 내 말을 끊고 그는 다시 포도나무를 자르려 했다.

나는 그에게 내가 포도맛을 좋아한다는 사실만은 분명히 알고 있다고 말했다. 그리고 우리 집을 사면서 특별히 장래성이 내다보이는 그 포도나무를 좋아했다는 말도 해주었다.

그는 어깨 너머로 고개를 돌리고는 "크고 즙이 많은 포도를 좋아하십니까?"라고 물었다.

"물론입니다! 우리 식구들도 모두 그런 포도를 좋아합니다"라고 나는 대답했다

그는 "그래요. 그럼 이 울타리 전체를 덮을 정도로 싱싱한 잎이 많이 자라게 해주면 지금까지 보지 못한

포 도 나 무 의 비 밀

크고 단물이 많이 나는 포도를 먹을 수 있게 될 겁니다"
라고 말했다. 그리고 나를 바라보더니 "그렇게 해주지
않으려면 좋은 결과를 기대하지 않는 게 좋을 겁니다"
라고 덧붙였다.

사랑인가 아니면 그저 무모한 행동일 뿐인가?

지금까지 우리는 죄로 인해 우리의 가지가 열매를 맺
지 못할 때 하나님께서 어떻게 우리 삶에 개입하시는지
를 살펴보았다. 그러나 우리 집 담장 아래로 뻗어나간
멋진 덩굴처럼, 우리의 가지가 상당히 좋아 보이면서도
바구니에는 여전히 더 많은 과실을 담을 수 있는 공간
이 남아 있을 때 하나님께서는 어떻게 하시는가?

이 장과 다음 장을 통해 포도밭의 두번째 비밀을 이
해할 수 있게 될 것이다. 예수님께서 제자들에게 과실

눈을 뜨게 해준 시골 마을

을 맺지 못하는 가지를 농부가 어떻게 돌보는지를 설명하신 후 무성하게 자라는 것처럼 보이지만 그저 몇 송이의 포도송이만을 달고 있는 가지로 손을 뻗으셨다. 예수님의 말씀을 들어보라.

"무릇 과실을 맺는 가지는 더 과실을 맺게 하려 하여 이를 깨끗케 하시느니라"(요 15:2 하).

과실을 더 맺도록 돌보시는 하나님의 전략은 우리가 좋아하는 방식은 아니다. 하나님의 계획은 다듬으시는 것이다. 그것은 잘라내고 쳐내서 작아지게 만드는 것을 뜻한다.

과실을 더 맺게 하는 농부의 비밀은 우리로서는 감히 생각도 할 수 없는 것처럼 보이고, 전혀 상반되는 것처

포 도 나 무 의   비 밀

럼 보이지만, 그것은 바로 더 작아지게 만드는 것이다.

일단 이해했다면 지금 직면하고 있는 시련들을 새로운 빛 아래서 조명해볼 수 있도록 우리를 자유롭게 해줄 한 가지 진리를 대면할 준비가 되어 있는가? 그 진리는 시련에 대한 느낌마저도 달라지게 해줄 것이며 하나님을 위한 멋진 추수를 거두게 해줄 것이다.

이제 포도나무의 두번째 비밀을 맞이하라.

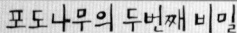

포도나무의 두번째 비밀

약간의 열매만을 맺는 생활을 하고 있다면
하나님께서 깨끗케 하기 위해
당신의 삶에 개입하실 것이다.

필요하다면 하나님께서는 우리가 그분의 의도와 방

눈을 뜨게 해준 시골 마을

법을 오해하게 되는 위험도 감수하실 것이다. 그분의 목적은 우리가 우리의 미성숙한 헌신들과 부차적인 일들을 잘라내버리고 하나님의 영광을 위해 보다 더 풍성한 열매를 맺을 수 있는 여지를 갖도록 만드시는 것이다.

많은 것을 보여주는 그림

그날 밤 예수님께서 손에 잡고 계신 가지를 바라보는 제자들은 '깨끗케 하신다'라고 하신 말씀의 의미를 정확하게 알고 있었다. 포도밭은 거의 2천 년 동안 하나님께서 이스라엘 백성들에게 베풀어주신 풍성한 공급을 상징적으로 보여주는 것이었다. 오늘날 영국 사람들이 차(tea)에 대해 잘 알고 있는 것처럼 제자들은 포도나무에 대해 잘 알고 있었다. 포도밭에서 더 많은 수확을 거두려면 포도나무의 자연적 성향과는 상반되

포 도 나 무 의   비 밀

는 손질을 해주어야 한다는 사실을 그들은 잘 이해하고 있었다.

최근에 나는 그렇게 손질해주어야 하는 이유를 설명해주는 원예에 관한 한 보고서를 읽었다.

"포도나무의 무성하게 잘 자라는 성향 때문에 해마다 상당히 많은 나무를 베어주어야만 한다. 그렇게 해주지 않으면 포도나무 덩굴이 너무 빽빽해져서 열매가 달려야 하는 부분까지 햇볕이 닿을 수 없기 때문이다."

가지치기를 해주지 않으면 포도나무는 더 많은 포도를 맺기보다는 언제나 더 무성하게 퍼져나가려 할 것이다. 그 결과는 멀리서 보면 무성하고 아름답게 잘 자라는 인상적인 모습이지만, 가까이 다가가 보면 보기와는

눈을 뜨게 해준 시골 마을

달리 빈약한 과실을 맺고 있기 때문에 상당히 실망하게 되는 것이다.

그래서 농부는 아무리 건강해 보일지라도 불필요하게 새로 나온 가지들을 쳐주는 것이다. 포도를 재배하는 유일한 목적은… 포도송이 때문이다. 사실상, 가지를 깨끗하게 쳐주는 일은 풍성한 수확을 보장해주는 가장 중요한 농부의 기술이다.

그리스도인들에게 있어서 무성한 성장은 생활 속에서 일어나는 모든 중요한 일들과 우선 순위에 있는 일들을 하는 것이다. 물론 그 일들을 하는 것이 잘못된 것은 아니지만, 그 일들이 하나님을 위한 보다 중요한 사역을 하지 못하도록 우리를 막아서는 것들이 될 수 있다. 가지를 깨끗하게 쳐내지 않는다면 성장하는 그리스도인들이 그 잠재력을 다 살리지 못하는 삶을 살아가게 될 뿐이다.

가지치기의 원리를 통해 우리의 영적인 생활을 드러내 보여주는 한 가지 질문을 이끌어낼 수 있다. 하나님의 아들을 좀더 닮아가게 해주시기를 바라며 남아돌 만큼 풍성한 하나님의 복을 구하고 있는가?

이 질문에 '그렇다'라고 대답한다면 그것은 원예용 가위를 든 하나님의 손길을 구하는 것과 같다. 가지치기는 하나님을 보다 기쁘시게 하고, 영원한 가치를 지니는 보다 중요한 영향을 미칠 수 있게 되기를 바라는 우리의 기도에 응답하시는 하나님의 방식이다.

가지치기는 하나님을 보다 기쁘시게 하고, 영원한 가치를 지니는 보다 중요한 영향을 미칠 수 있게 되기를 바라는 우리의 기도에 응답하시는 하나님의 방식이다.

눈을 뜨게 해준 시골 마을

가지치기의 윤곽

포도밭에서 가지치기를 잘하는 숙련된 농부는 네 가지 면에서 그의 기술을 구체적으로 사용한다. 죽어가거나 이미 죽은 것들을 제거한다. 열매를 맺고 있는 가지들에게로 햇볕이 확실히 가 닿을 수 있게 해준다. 과실의 크기와 질을 향상시킨다. 새로운 과실이 맺힐 수 있는 환경을 만들어준다.

농부이신 우리 하나님 아버지 역시 비슷한 원리를 따라 일하신다. 우리를 지으신 목적인 풍성한 과실을 맺을 수 있는 환경을 만들어주기 위해서 우리의 소중한 시간과 에너지를 빼앗아가며 정말로 중요한 일을 하지 못하게 만드는 우리 생활의 특정한 부분들을 먼저 베어내셔야 한다. 이런 가지치기를 하시는 하나님의 일정은 일률적으로 정해져 있지 않고 각 사람의 삶 속에서 각

각 독특하게 행해진다. 하나님께서 내 생활 속에서 낭비적인 요소라고 판단하시는 것이 당신에게는 필수적인 요소가 될 수도 있다.

여러 해 동안 이 구절을 가르쳐오면서 나는 많은 사람들에게 그들의 삶 속에서 '가지치기'가 어떻게 이루어졌는지를 묘사해보게 했다. 그동안 내가 들은 대답들을 소개하면 다음과 같다.

• 카일, 항공사 직원 - "그리스도인이 된 후 저는 고등학교 때부터 사귄 친구들과 한 달에 한 번씩 만나는 모임에 나가는 것이 어색해졌고 허전해지기 시작했습니다. 그래서 더 이상 그 모임에 나가지 않게 되었습니다. 놀랍게도 몇 달 후 저는 그 모임에 참석했던 한 친구를 주님께 인도할 수 있었습니다."

눈을 뜨게 해준 시골 마을

카일이 느끼는 불만족을 통해 과거의 활동이 죽은 것이거나 죽어가는 것임을 보여주셨다. 시간과 노력을 요하는 반면 돌아오는 것은 별로 없는 일이었다. 카일이 그 일에서 손을 떼자 그 대신 새로운 일들이 곧 벌어졌다.

• 라소나, 네 자녀의 어머니 - "오랫동안 저의 결혼 생활을 방해해온 몇 가지 이기적인 습성들을 버리도록 하나님께서 제 주의를 환기시키셨습니다. 변화를 요구하는 노선을 받아들이는 것만으로도 제게는 가지치기와 같은 것이었습니다. 그러나 우리 교회의 한 나이 드신 분과 매주 만나면서부터 새로운 자유를 경험하고 있습니다. 저는 너무나 감사하고 있으며 남편 역시 그렇습니다!"

라소나의 자기 중심적인 행동들은 결혼 생활 속에서

맺어야 할 과실들을 맺지 못하게 막고 있었다. 하나님께서는 더 많은 태양 빛이 그녀에게 가장 중요한 남편과의 관계 속으로 비춰 들어가게 해주고 싶으셨다.

- 재러드, 대학 졸업반 학생 - "체력을 단련하기 위해 하루에 두 시간씩 투자할 것인지 아니면 점점 성장해 가는 캠퍼스 사역을 위해 보다 많은 시간을 내야 하는 건지를 결정해야 했습니다."

하나님께서 더 크고 더 좋은 열매를 맺게 하시려고 캠퍼스 사역에 보다 많은 시간을 내도록 재러드를 초청하셨던 것이다.

- 하워드, 은퇴한 프로그래머 - "은퇴 후에는 골프나 치고 여행이나 즐기면서 살려고 했지만, 하나님께서 단기 선교 사역에 참여할 수 있는 황금 같은 기회를 보여주셨습니다. 이제 하나님을 위해 새로운 어떤 일,

눈을 뜨게 해준 시골 마을

편안한 생활을 벗어나게 되는 그런 일을 시도할 때라 생각합니다."

하나님께서 하워드에게서 새로운 열매를 찾고 계신다.

징계가 죄에 관련된 것이라면 가지치기는 자아에 관계된 것이다. 가지치기를 하시면서 하나님께서는 하나님나라의 목적과 우리를 위한 궁극적인 선을 이루지 못하게 막고 있는 것들로부터 손을 떼도록 우리에게 요구하신다. 가지치기는 하나님께서 거의 빈 상태나 마찬가지인 우리 삶의 바구니를 이제 채워지기 시작하는 바구니로 바꾸어가시는 방식이다.

징계가 죄에 관련된 것이라면 가지치기는 자아에 관계된 것이다.

하나님의 방법에 대한 오해

솔직하게 말해보자. 가지치기는 잘라내는 일이고 잘라내는 일은 상처를 남기는 것이 아닌가?

그렇다면 징계와 그리 다를 바 없지 않은가? 대부분의 그리스도인들이 그들의 삶 속에서 일어나는 징계와 가지치기를 구분하지 못하는 것은 그리 놀랄 만한 일이 아니다. 둘은 같은 느낌을 준다. 그러나 같은 것은 아니다.

예수님께서는 제자들이 그 차이를 분명히 인식하게 되기를 바라셨다. 그 이유는 징계의 목적과 가지치기의 목적이 전혀 다르기 때문이며, 그 둘을 혼동한 결과 불행을 불러올 수도 있기 때문이다. 예수님은 제자들이 그들의 삶 속에서 일하시는 농부의 일을 오해하게 된다면 농부의 계획과 목적에 대한 잘못된 결론을 내리게

눈을 뜨게 해준 시골 마을

되리라는 사실을 잘 알고 계셨다.

오랫동안 나는 가지치기의 과정을 징계로 잘못 생각했기 때문에 일어난 혼동과 분노 속에서 씨름한 경험이 있다. 그래서 잘 아는 것이다. 심한 번뇌가 나와 가족들과 사역을 에워싸고 있는 듯한 기간을 한동안 경험하면서 그 고통을 불러오게 한 주된 죄를 찾아내려고 몸부림을 쳤다. 달린에게 내가 무엇을 놓치고 있는지를 볼 수 있게 도와달라고 했다. "주님, 제게 무엇을 더 원하시는 겁니까?"라고 간청하기도 했다. 생각나는 모든 죄를 고백했고 안식을 되찾게 되기를 기다렸다. 그러나 아무런 변화도 없었고 나는 자주 하나님께 화를 내면서 분개하고 의혹을 품곤 했다. 그 결과는 하나님과의 교제의 단절이었다.

그리고 곤란스럽고도 얄궂은 일이 벌어졌다. 세월이

포 도 나 무 의 비 밀

흐르면서 가지치기에 대한 그런 잘못된 반응은 나를 가지치기의 과정 속에서 벗어나게 하는 4차선 고속도로를 타게 했고 곧장 하나님의 징계로 나를 몰아갔다.

얼마나 해롭고 불필요한 주기인가! 내가 그 둘의 차이점을 영영 이해하지 못했다면 내 남은 평생 하나님과의 사이는 틀어졌을 것이다. 그러나 들어보라. 내가 이야기해본 수많은 그리스도인들이 똑같은 오해 속에서 헤어나지 못하고 똑같은 우회 과정을 거듭 반복하면서 고통스런 결과를 맞고 있다. 실제로 가지치기를 하시는 하나님의 의도와 행동을 잘못 오해하는 것이 성숙한 그리스도인들을 불필요한 징계 속으로 뒷걸음쳐 빠져 들어가게 하는 주된 이유라고 나는 생각한다.

이 시나리오가 당신의 삶을 묘사해주고 있다고 생각하는가? 혹은 과거에 경험했던 영적 우회들을 설명해주

눈을 뜨게 해준 시골 마을

는가? 고맙게도 포도나무의 비밀이 이 문제를 영원히 해결하도록 도와줄 것이다. 승리를 얻기 위해 하나님과 함께 일할 수 있는데도 불구하고 하나님을 대항해 싸우면서 패배하는 날을 하루라도 더 살아야 할 필요가 없게 될 것이다.

가지치기와 징계, 둘 중 어느 것인가?

몇 개의 간단한 질문들을 통해 가지치기를 징계와 구분할 수 있다. 다음에 주어진 도표를 잘 살펴보기 바란다. 그리고 자신이 가지치기의 과정 속에 있다면 다음 6단계를 따르도록 하라.

1. 하나님께서 주의를 환기시키고 계심을 인정하라. 그리고 혼동의 시기를 계속 이어가면서 삶을 낭비하지 않겠다고 결단하라.

포 도 나 무 의   비 밀

질 문	징 계	가지치기
어떻게 알 수 있는가?	고통	고통
왜 일어나는가?	무언가 잘못한 일이 있기 때문이다.	무언가 잘 하고 있기 때문이다.
어느 정도의 열매를 맺고 있는가?	아무런 열매도 맺지 못하고 있다. (바구니 1로 대표됨)	열매를 맺고 있다. (바구니 2로 대표됨)
농부가 바라는 것은 무엇인가?	열매를 맺는 것	열매를 더 맺는 것
버려야 할 것은 무엇인가?	죄	자아
어떤 느낌을 받아야 하는가?	죄책감, 슬픔	안도감, 신뢰
올바른 반응은 어떤 것인가?	회개 (죄악된 행위를 멈춤)	손을 뗌 (하나님께서 일하시도록 내어드림)
언제 멈추게 되는가?	우리가 죄를 멈출 때	하나님께서 일을 마치실 때

눈을 뜨게 해준 시골 마을

2. 사랑하는 부모가 아이에게 왜 교정이 필요한지를 말해주는 것 못지 않게 하나님 아버지께서도 그렇게 하실 것을 신뢰하라. 하나님께서는 우리가 징계를 받는 것인지, 아니면 가지치기를 경험하고 있는 것인지를 알려주고 싶어하신다는 사실을 믿으라.
3. "하나님께서 징계하셔야 할 중대한 죄를 짓고 있는 것은 아닌가?"라는 질문에 대답할 수 있도록 하나님께서 도와주시기를 기도하라.
4. "주님, 알고 싶습니다. 오늘부터 일주일 내에 이것이 징계라는 사실을 알려주시지 않는다면 믿음으로 이 시련들을 하나님께서 가지치기 하고 계시는 것으로 받아들이겠습니다"라고 기도하라. 내 경험에 비추어 볼 때 하나님께서는 죄가 문제가 되고 있는지, 아닌지를 다양한 방법을 통해 알려주신다. 성경의 진리와

사람들과의 대화 그리고 가르침, 혹은 친구로부터 온 전화 등을 통해 발견하게 될 것이다.

5. 징계를 받고 있다는 결론이 내려지면 죄가 문제가 되고 있는 것이다. 그러므로 회개하고 돌아서라. 결코 후회하지 않을 것이다.

6. 가지치기를 경험하고 있는 것이라는 결론이 내려질 때에도 역시 우리의 반응은 매우 중요하다. 그리고 그 보상은 보다 클 것이다. 어떤 일에서 손을 떼어야 하는지를 하나님께서 분명하게 보여주시도록 간구하고 하나님을 깊이 신뢰함으로 그 일을 온전히 맡겨드리라.

하나님께 드릴 말씀이 있는가?

인디애나의 어느 화창한 날을 상상해보라. 스물다섯

눈을 뜨게 해준 시골 마을

살의 데런이 여러 해 동안 별로 많은 대화를 나누지 않았던 아버지를 뵈려고 멤피스에서 왔다. 두 사람은 큰 소리로 떠들썩하게 서로를 반긴 다음 차를 몰았다. 그리고 드디어 데런이 아버지를 찾아 먼 길을 오게 된 이유를 설명했다.

"아버지, 오랫동안 전 아버지를 이해할 수 없었어요. 제가 고등학교에 다닐 때 파티, 텔레비전, 심부름, 운전, 돈 등에 대해 제게 왜 그렇게 많은 제한을 가하시는지 도무지 알 수가 없었어요. 전 아버지가 기대하시는 것들이 싫었어요. 그리고 아버지를 심술궂고 둔한 분이시라고 생각했어요. 또 아버지가 안 계시는 곳에서 아버지에 대해 좋지 않은 말들을 하기도 했고, 가끔씩은 아버지를 미워하기도 했어요. 그렇지만 지금은 그게 다 좋은 아버지가 되려고 그렇게 하셨다는 걸 이해하게 됐

어요. 아버지는 제게 가장 좋은 것들을 원하셨고, 그것들을 결코 포기하거나 접어버리지 않으셨어요.

그래서 제가 아버지를 오해하고 잘못 말했던 것들에 대해 용서를 구하려고 왔어요. 제가 잘못했어요. 아버지 마음을 상하게 해드린 것, 정말 죄송합니다."

나는 많은 그리스도인이 아버지와 이런 대화를 나눌 필요가 있다고 생각한다. 어느 날 드디어 나는 그동안 내가 하나님을 잘못 대해온 일들에 대해 하나님께 사과드렸다. 그것은 이미 오래전 일이 되었고 그 이후 하나님과의 교제가 파격적으로 개선되었다.

하나님께서 우리 때문에 상처를 받으신다는 사실이 놀랍지 않은가?(에베소서 4장 30절에서 '하나님의 성령을 근심하게 하지 말라'고 말하고 있기 때문에 우리는 이 사실을 알고 있다.) 우리의 오해와 거듭되는 거부와

눈을 뜨게 해준 시골 마을

부당한 악용을 참으시는 하나님의 부드러운 사랑은 우리 이해의 한계를 넘어선다. 그분의 사랑은 변함없이 지속된다.

우리 하나님 아버지와의 교제에 문제가 있다면 오늘 당신의 생각과 태도를 사과드릴 수 있기를 권한다. 하나님의 행동을 오해해왔으며 그분의 성품을 크게 잘못 평가해왔다고 말씀드리라. 그리고 그동안 어떻게 느꼈으며 왜 그렇게 느껴왔는지를 정확하게 말씀드리고 그분의 용서를 구하라.

하나님께서 일하시게 해드림

지금 달린과 나는 포도나무가 있는 집에서 살지는 않지만, 그 이후 여러 차례 내 눈을 뜨게 해준 그 시골 마을을 생각하곤 한다. 가을이면 자주색 과일을 주렁주렁

포 도 나 무 의   비 밀

달고 있는 포도나무들이 아직도 눈에 선하다. 포도가 담긴 바구니와 상자들의 무게로 다리가 휘어질 것 같았던 부엌의 식탁을 아직도 그려볼 수 있다. 그 달콤한 맛을 아직도 느낄 수 있다. 스토브 위에서 부글거리며 끓어오르는 포도잼과 젤리의 냄새를 여전히 맡을 수 있다. 냄비를 휘젓는 우리 딸의 모습과 포도즙이 흘러내리던 우리 아들의 얼굴을 아직도 볼 수 있다.

풍성함은 정말 아름답고 멋진 것이다. 안 그런가!

지금 이 시간 포도나무 가지들이 잘려진 삶의 담장을 내려다보면서 자신이 처한 환경에 의해 혹은 하나님에 의해 공격을 당하고 있는 듯한 느낌을 받으며 이제 하나님께서 어떻게 하실지 의아해하고 있을지도 모르겠다.

하나님 아버지는 우리를 너무나 사랑하시기 때문에

눈을 뜨게 해준 시골 마을

가지치기를 멈추지 않으실 거라는 사실을 나는 말하지 않을 수 없다. 다음 장에서 보겠지만, 가지치기 과정을 받아들인다고 해서 우리의 삶이, 혹은 삶이 가져다주는 기쁨이 줄어들지는 않을 것이다. 가장 많은 열매를 맺고 기쁨으로 가장 충만한 그리스도인들은 가지치기를 가장 많이 경험한 그리스도인들이다.

무성해지기 위한 가지치기

여섯.
무성해지기 위한 가지치기

오래된 가지일수록 농부들이 더 철저하게 가지치기를 해준다는 사실을 알고 있는가? 내가 읽은 한 원예 보고서에 그 이유가 잘 설명되어 있다.

"열매를 맺는 가지의 능력은 해마다 증대되지만, 가지치기를 철저하게 해주지 않으면 나무가 시들고 그 소산물은 줄어들게 된다. 성숙한 가지들이 최대한의 소출을 내게 하려면 반드시 가지치기를 해주어야 한다."

성숙한 가지의 입장에서 미래를 내다본다면 앞으로 상당히 많은 가지치기를 예상하고 있어야 할 것이다. 그러나 농부의 입장에서 본다면 앞으로 좋은 일, 곧 더 많은 포도송이가 맺히게 될 것을 기대할 수 있다!

가지치기에 관한 이 두번째 장에서는 보다 많은 과실로 바구니를 채울 수 있도록 하나님께서 우리 삶 속에서 어떤 일들을 하고 계시는지 보여주고자 한다. 초기에는 대부분 밖으로 드러나는 활동들과 우선 순위들에 관련된 가지치기가 이루어지는 반면, 성숙해갈수록 우리의 가치관과 정체성에 관련된 가지치기가 이루어진다. 점차로 열매 맺을 준비가 더 잘 되어가기 때문에 하나님께서 보다 철저한 가지치기를 하시려고 더 가까이

무성해지기 위한 가지치기

다가오신다.

이 시점에서 하나님께서 원하시는 것들이 상당히 어려운 것들로 보일 수 있다. 그러나 농부에게 맡긴다면 우리가 상상할 수 있는 것보다 훨씬 더 엄청난 결과를 얻게 될 것이다.

많은 그리스도인들이 이 단계까지 나아가지 못하고 있다. 사실, 다음 단계의 풍성함에 - 과실을 많이 맺는 - 이르려는 결단을 내리지 않고 있다면 아마 이 장을 읽어서는 안 될 것이다. 예수님께서 그분을 따르기 위해 지불해야 할 대가를 언급하시자 많은 사람들이 등을 돌리고 떠났다. 그러나 그분을 떠나지 않은 사람들이 미친 영향이 아직도 세상을 흔들고 있다. 하나님께서 당신을 위한 독특하고도 중요한 계획을 가지고 계시다는 사실을 알고, 또 온 마음을 다해 그것을 원한다면 이 장은 미래를 향해 나아가는 다음 문지방을 넘게 해줄 것이다.

믿음의 시련

성숙한 가지에 가해지는 가지치기는 성경이 말하고 있는 '믿음의 시련'이란 측면으로 이해하는 것이 도움이 된다. 서신서를 쓰게 되었을 즈음 제자들은 그들이 당하는 모든 시련을, 주님께 대한 신뢰를 온전케 하고 주님을 위한 그들의 효율성을 증대시킬 수 있는 기회로 보는 원리를 이미 배워 알고 있었다. 야고보는 "이는 너희 믿음의 시련이… 너희로 온전하고 구비하여 조금도 부족함이 없게 하려 함이라"(약 1:3-4)고 말했다.

하나님의 원예용 가위가 우리의 인간됨을 이루는 핵심 부분에 보다 더 가까운 부분을 잘라내기 때문에 이 가지치기는 보다 더 철저할 것이다. 하나님은 그저 제

무성해지기 위한 가지치기

거해버리려고만 하지 않으신다. 우리 삶에 힘과 생산력과 영적인 능력을 더해주기 위한 여지를 남기시려고 신실하게 일하신다. 우리가 그리스도의 형상을 보다 '온전히 구비하여 조금도 부족함이 없게' 하려는 것이 하나님의 목표다.

믿음의 시련은 이미 해결된 우리 구원의 문제와는 별개의 요소다. 또 "왜 하나님께서는 자동차 열쇠를 좀 찾을 수 있도록 도와주지 않으시는 거지?"라는 수준의 시험과도 전혀 다른 문제다. 믿음의 시련은 매우 중요한 것을 하나님께 넘겨드리지 않아도 될 모든 권리가 있음에도 불구하고 그것을 하나님께 넘겨드리도록 우리를 초청하는 다양

하나님은 그저 제거해버리려고만 하지 않으신다. 우리 삶에 힘과 생산력과 영적인 능력을 더해주기 위한 여지를 남기시려고 신실하게 일하신다.

한 시련과 고난을 말한다. 어렵고 힘든 환경을 경험하게 되지만 하나님으로부터 멀어지지는 않는다. 시련을 당하기는 하지만 죄책감이나 비난을 받고 있는 것은 아니다. 시편 기자는 이런 정화의 경험과 그 값진 결과를 이렇게 묘사했다.

"주께서 우리를 시험하시되…은을 단련함같이 하셨으며…우리를 끌어내사 풍부한 곳에 들이셨나이다"(시 66:10, 12).

'믿음의 시련'은 바로 그 이전에 받은 시험을 통과하도록 우리를 밀어주는 것이 되지 않는 한 실제로 아무것도 시험하지 않는다는 사실을 인식하고 있는가? 그렇기 때문에 종종 우리가 적절하다고 혹은 정당하다고 생

무성해지기 위한 가지치기

각하는 정도를 넘어서서 가지치기가 보다 깊숙이, 보다 장기간 지속되는 것이다. 그리고 또 한계처럼 보이는 지점에 이르러 뒤로 물러서는 것은 하나님을 얼마나 신뢰할 수 있는지를 알고 성숙하는 일을 결코 경험하지 못하는 이유가 되기도 한다.

'믿음의 시련'은 바로 그 이전에 받은 시험을 통과하도록 우리를 밀어주는 것이 되지 않는 한 실제로 아무것도 시험하지 않는다

자신의 믿음이 한계에 다다른 것처럼 느껴질 때 가지치기에 관련된 다음의 중요한 진리들을 기억하라.

하나님은 보다 즐거운 방식으로 할 수 있는 경우에는 고통을 가하지 않으신다. 가지치기는 언제나 우리의 가장 깊은 열망에 대한 유일하고도 최선의 대답이 된다. 그것은 모든 지혜와 사랑을 지니신 아버지께로부터 오

는 자상한 선물이다. 파스칼은 "고통은 내가 자유로워지는 데 없어서는 안 될 자애롭고 합법적인 공격이다"라고 했다.

고통스런 경험들이 모두 다 가지치기의 결과는 아니다. 사춘기에 있는 자녀들이 마약과 섹스에 물들어가고 있기 때문에 가슴이 찢어질 듯한 고통을 느끼는가? 하나님께서 우리를 깨끗케 하시려고 우리의 자녀들에게 그런 일이 일어나게 하신 것이 아니다. 갑자기 전립선 암이나 당뇨병이 찾아온 것을 발견하게 되었는가? 우리가 어떻게 반응하는지를 알아보시려고 하나님께서 의도적으로 우리를 괴롭히시는 것이 아니다. 그러나 우리의 눈앞에 닥치는 모든 시련은 하나님께서 풍성함을 위해 우리 삶 속에서 일하시도록 해드리는 기회가 될 수 있다. 우리의 환경 속에 개입하시도록 하나님을 초청한

무성해지기 위한 가지치기

다면 모든 것을 합력하여 선을 이루시겠다고 하신 그분의 약속을(롬 8:28) 지키실 것이다.

가지치기의 고통은 지금 느끼지만 그 열매는 나중에 나타난다. 포도밭에서와 마찬가지로 우리 삶에 있어서의 가지치기에도 시기가 있다. 추수 때 거두게 될 열매의 양과 질은 농부를 향한 지금 이 순간의 순종에 달려 있다.

가지치기를 하는 시기의 길이와 그 정도와 깊이는 다양하지만 영원히 지속되지는 않는다. 우리가 가위를 드신 하나님의 손 아래 더 이상 있지 않다고 생각하게 될 때가 찾아온다는 것을 약속할 수 있다. 그때는 모든 면에서 개인적인 변화와 하나님을 위한 확장된 사역의 놀라운 증거들을 볼 수 있게 될 것이다.

바울이 견뎌야 했던 수많은 시련들을 생각해보라. 그

포 도 나 무 의   비 밀

리고 그가 거둔 엄청난 추수의 양을 생각해보라. 다 측정하기도 어려울 것이다. 안 그런가? 바울의 가지는 아직까지도 그 열매를 거두고 있다.

그 사실을 통해 우리는 매우 중요한 질문을 할 수 있다. 우리가 정말로 초자연적인 추수를 바란다면 우리가 하나님과 협력할 수 있도록 하나님께서 정확하게 우리의 어떤 부분에서 가지치기를 하신다고 말할 수 있겠는가?

아픈 곳을 말하라

포도밭에서 하신 예수님의 말씀은 우리가 가지치기를 비밀스럽거나 혼란스러운 것으로 여기도록 하나님께서 의도하지 않으셨다는 사실을 증명해준다.

어린 시절 우리가 아파서 흘리는 눈물을 보시며 어머

무성해지기 위한 가지치기

니는 "어디야? 어디가 아픈 거야?"라고 제일 먼저 물으셨다. 하나님께서 우리에게 가지치기를 하실 때 특별히 고통을 느끼는 곳이 있다. 그 고통은 하나님께서 가위를 대시고 무언가를 잘라내는 곳에서 느껴진다.

어린 시절 우리가 아파서 흘리는 눈물을 보시며 어머니는 "어디야? 어디가 아픈 거야?"라고 제일 먼저 물으셨다.

하나님께서 지금 어느 부분을 가지치기하고 있는지를 잘 모를 경우, 같은 질문을 해보라. "어디가 아픈가?" 고통을 통해 하나님께서 우리의 주의를 환기시키시고 긴급한 신호를 보내신다. 그 불편한 느낌은 "여기를 주목하라"고 우리에게 말해준다.

사무엘상 25장은 놀라운 미래를 맞이할 수 있도록 다윗을 준비시키기 위해 하나님께서 고통스런 시련을 사용하시는 이야기를 들려주고 있다. 다윗은 이미 이스라엘의 다음 왕으로 기름부음을 받았다. 그러나 여러 해 동안 하나님께서는 마치 그를 버려두시는 듯했다. 한때 거인을 쓰러뜨렸고 온 국민의 영웅이었던 그가 죽일 듯이 조여오는 사울 왕의 극단적인 미움을 피하기 위해 동굴 속에 숨어 지내는 신세가 되고 말았다. 극심한 고통을 느껴야 했던 그 시기에 나온 그의 영적 일기들을 시편 54, 57, 63편에서 볼 수 있다.

어느 날, 굶주림과 기대 속에서 다윗은 가까운 곳에 땅을 소유하고 있던 나발이라는 사람에게 신하들을 보내어 먹을 음식을 정중하게 부탁했다.

나발은 "다윗이 누구냐?"라고 고함을 치며 거절했다. 그 수치스러운 거절은 다윗의 가장 쓰라린 부분을 - 그의 확신과 공명심과 정체성은 말할 것도 없이 그의

무성해지기 위한 가지치기

자존심을 - 정면으로 건드리는 것이었다. 화가 난 다윗은 나발의 온 가족을 쳐죽이기 위해 용사들을 이끌고 나갔다.

그러나 나발의 아내, 아비가일이 소식을 듣고 다윗을 맞이하러 달려나왔다. 그녀는 음식을 가득 실은 수레를 준비해 갔다. 그러나 그녀가 건네준 가장 중요한 선물은 다윗의 진정한 정체성과 하나님의 손 안에 있는 그의 안전한 미래에 대한 확신을 열정적으로 상기시켜준 것이었다. 실제로 그녀는 다윗이 그의 고통을 넘어서서 믿음의 시련을 통과하기 위한 선택을 할 수 있도록 간청했던 것이다. 다윗은 그녀의 지혜를 인정하며 싸움의 길에서 돌아섰다.

광야에서의 힘겨운 몇 년 간의 생활과 함께 그 위기는 이스라엘 최고의 왕으로서 맞이해야 할 장래를 준비하는 데 꼭 필요한 가지치기가 이루어진 시기였다. 그 과정을 통해 다윗은 권위에 복종하는 것과 사람들을 지도하는 것과 참는 것 그리고 어려운 환경 속에서 하나님을 신뢰하는 것을 배웠다.

당신의 삶 속에서 고통이 느껴지는 부분은 어디인가? 작업 중인 농부의 가위가 느껴지는 - 비록 지금 당장은 볼 수 없지만 다가올 추수기의 풍성함을 위해 빚어지고 지시되며 힘이 공급되어지는 - 부분을 찾으라.

가지치기의 핵심

열매 맺는 가지를 깨끗케 하는 것은 "먼저 하나님의 나라를 구하라"고 하신 명령을 실천으로 옮길 수 있도록 도와주시는 하나님의 방법이다. 그렇기 때문에 하나님은 우리가 비굴하게 추구하면서 가장 사랑하고 포기

무성해지기 위한 가지치기

하지 않으려고 발버둥치는 것들을 언제나 잘라내실 것이다. 그분의 목적은 우리를 짓밟고 해치려는 것이 아니라 우리가 진정으로 원하는 것, 즉 하나님의 나라를 추구할 수 있도록 자유롭게 해주시는 것이다.

> 그분의 목적은 우리를 짓밟고 해치려는 것이 아니라 우리가 진정으로 원하는 것, 즉 하나님의 나라를 추구할 수 있도록 자유롭게 해주시는 것이다.

이런 가지치기는 우선 순위를 재조정하는 것을 넘어서서 우리가 사랑하는 사람들, 우리가 부여잡고 있는 재물, 개인적인 권리에 대한 주장 등과 같이 우리 자신을 말해주는 핵심적인 부분으로 들어간다. 열매를 맺으려면 하나님께서 반드시 다스리셔야 할 영역들이기 때문이다.

예수님의 제자로서 내가 경험한 가지치기의 이야기

들을 몇 가지 나누고자 한다. 각각의 이야기들은 모든 성숙한 그리스도인들을 위해 머지않아 곧 가위를 든 하나님의 손길이 가 닿게 될 중요한 영역들을 보여준다.

영역 1 : 우리가 가장 사랑하는 사람들

아이오와의 한 어린 소녀의 방에 놓여 있던 분홍색 털로 된 바닥 깔개 위에서 벌어졌던 전투를 나는 결코 잊지 못할 것이다. 한 세미나에 참석하는 동안 디모인에 사는 친구네 집에 머물게 되었다. 나는 친구의 어린 딸아이가 쓰던 방에서 지내게 되었다. 모든 것이 작았고 전부 다 분홍색이었다. 그리고 내 발은 침대 끝으로 툭 떨어졌다. 그러나 그 작은 침대에 누워 있는 동안 나는 보다 큰 삶을 위해 기도하고 있는 나 자신을 발견했다. 나는 "주님, 여기까지 왔습니다. 이제 다음은 무엇

무성해지기 위한 가지치기

이 기다리고 있는지요?"라고 큰 소리로 기도했다.

"아이들"이라고 주님께서 말씀하셨다. 그래서 나는 우리 아이들을 사랑한다고 말씀드렸다.

그런데 주님은 "아이들을 내게 달라"고 말씀하셨다.

생각해볼 필요도 없었다. "안 됩니다. 아이들을 주님께 드릴 수는 없습니다."

갑자기 그런 가지치기가 당신을 찾아온 적이 있는가? 순종은 말도 안 되는 일처럼 보여졌다. 그리고 시간이 흘러갔다. 나는 그 분홍색 전쟁터에서 무릎을 꿇고 하나님과 씨름하고 있는 나를 보게 되었다.

나는 그 분홍색 전쟁터에서 무릎을 꿇고 하나님과 씨름하고 있는 나를 보게 되었다.

새벽 3시가 되어서야 나는 결국 우리 아이들과 아내를 주님의 보살핌 속에 맡길 수 있게 되었다. 그러자 내게 가장 소중한 사람들이 이제는 더 이상 내 소유의 사람들이 아니었다. 그들을 사랑하고 돌볼 특권은 여전히 내게 있었지만 소유권은 주님께로 넘어갔다.

결혼을 하고, 자녀들을 두며, 특정한 성공을 거둘 수 있는 우리의 '권리'를 포기하라고 하나님께서 요구하실 수도 있다. 가장 가까운 식구들의 동의나 지지 없이, 아마도 우리의 믿음 때문에 받게 되는 미움과 거절을 참아내면서 그리스도를 따르라고 초청하실 수도 있다. 그것은 하나님께서 우리가 정말로 소중히 여기는 것들 가까이에서 가지치기를 하시는 것이다. 우리로부터 좋은 것을 빼앗아가기 위해서가 아니라 우리가 바라는 모든 것의 주님이 되시기 위해서다.

무성해지기 위한 가지치기

영역 2 : 하나님께서 하시는 일을 알아야 할 우리의 권리

우리 삶을 스스로 주도할 자격이 우리에게 있다는 신념을 가지고 우리는 태어난다. 그러나 이 전제는 믿음의 삶과는 상반된다. 그렇기 때문에 열매 맺는 가지를 깨끗케 하시는 초기 단계에서 특정한 일들이 일어나는 이유를 알려고 하는 우리의 '권리'를 포기하도록 하나님께서 요구하시는 것이다.

우리 아들 데이빗이 아주 어렸을 때 주사를 맞히려고 병원에 데려간 적이 있다. 의사가 손에 주사기를 들고 다가오자 아이는 도망을 쳤다. 결국 아이를 화분 뒤로 몰아넣은 다음 두 팔로 번쩍 들어올렸을 때 나는 그 얼굴에 드리운 두려움을 보았다. 앓고 있는 어린아이에게 페니실린을 맞아야 한다는 사실을 어떻게 설명할 수 있겠는가? 의사가 주사를 놓을 준비를 하는 동안에도, 주사를 맞을 순간이 다가왔을 때에도 내 곁을 떠나려 하지 않았다. 대신 "아빠!"라고 소리를 지르며 더 찰싹 달라붙었다.

'왜?' 혹은 '얼마나 더?' 라는 질문에 대한 대답을 얻을 수 없을 때 믿음으로 걸어야 하는 긴 시기를 거치게 된다. 그럴 때 우리는 하나님이 사랑하시는 우리의 아버지라는 것과 그분은 우리가 신뢰할 수 있는 분이시라는 사실만을 알 뿐이다. 하나님께서는 우리가 모든 이유들과 권리들과 두려움들을 그저 다 내려놓고 우리의 두 팔로 그분의 목을 꼭 끌어안기를 원하신다. 그런 시기에 우리는 이렇게 기도할 수 있다. "아버지 하나님, 전 당신께 매달

*하나님께서는
우리가 모든 이유들과
권리들과 두려움들을
그저 다 내려놓고
우리의 두 팔로
그분의 목을 꼭
끌어안기를 원하신다.*

려 있습니다. 무엇이든지 하나님께서 원하시는 대로 하십시오. 그저 절 안고만 가주십시오."

영역 3 : 돈과 재물에 대한 사랑

우리를 거머쥐고 있는 재물의 힘과 가정 생활의 안락함으로부터 벗어나 자유롭게 되는 일은 우리들 대부분에게 있어서 평생이 걸리는 가장 어려운 일 중의 하나다. '돈에 대한 사랑'은 해로운 잡초처럼 싹터 나온다.

돈과 재물의 노예가 되면 거기에 우리의 시간과 에너지와 충성심을 바치게 된다. 그렇기 때문에 우리가 꽉 쥐고 있는 것들을 놓으라고 거듭 요청하시는 것이다. 하나님께서 실제적으로 혹은 마음으로부터 무언가를 내려놓으라고 요청하고 계시는가?

그 과정의 어느 지점에 와 있는지를 확인하기 위해

다음 질문을 해보라. 하나님께서 내게 속한 것들의 얼마만큼을 이미 요구해오셨는가? 그리고 나는 그것들을 하나님께 드렸는가?

이 부분에서의 가지치기를 계속하시도록 허락해드린다면 다른 사람들을 축복하게 될 풍성한 자유가 적재적소에서 흘러 넘치게 될 것이다. 그 멋진 결과가 고린도 교회에 보낸 바울의 편지 속에 묘사되어 있다. "형제들아 하나님께서 마게도냐 교회들에게 주신 은혜를 우리가 너희에게 알게 하노니 환난의 많은 시련 가운데서 저희 넘치는 기쁨과 극한 가난이 저희로 풍성한 연보를 넘치도록 하게 하였느니라"(고후 8:1-2).

영역 4 : 우리를 중요한 사람으로 여기게 해주는 자원들
여기서는 인생의 가치와 목적 의식을 가질 수 있도록

무성해지기 위한 가지치기

하나님께서 우리에게 주신 것들이 위기에 몰리게 된다. 아브라함에게 있어서는 기적적으로 얻게 된 아들, 이삭이었다. 기드온에게 있어서는 그의 큰 군대였다. 당신에게는 무엇인가?

내게는 Walk Thru the Bible 사역이었다. 나의 일이 되어야 한다고 생각해왔던 그 일을 하나님께 돌려드리게 되기까지 몇 년에 걸친 씨름을 해야 했다. 하나님께서 내게 사역을 떠나는 행정적인 결정을 내리기 원하신다는 확신이 점점 더 커져갈 때 마지막 시험이 찾아왔다.

하나님께서 내가 평생 가꾸어온 꿈을 달라고 요구하시는 것처럼 느껴졌다. 나는 망설이고 있었다. 그리고 미루어두었다. 그러나 드디어 Walk Thru the Bible 사역의 미래를 제단 위에 올려놓게 된 날이 왔다. 나는 우리 팀원들에게 더 이상 지금까지와 같은 방식으로 사역을 계속하지 않게 될 거라고 발표했다. 그리고 그날 집에 도착하자 달린이 이제 우리 삶의 무대의 한 막이 내려졌다고 말했다. 하나님이냐 아니면 내 사역이냐를 선택하지 않을 수 없게 되었을 때 나는 하나님을 선택했다.

그러나 Walk Thru the Bible 사역의 막이 내려진 것은 아니었다. 일단 내가 하나님을 선택하자 내가 전혀 생각지 못했던 방법으로 하나님께서 사역에 복을 주셨다. 이제 나는 그 가지치기가 진행되는 시기 동안 하나님께서 그리스도인으로서의 나의 삶에 중요한 계기를 불러오셨음을 이해하게 되었다. 풍성함의 다음 단계로 나아가기 위해 나는 하나님께서 내게 주셨던 일을 하나님께로 완전히 돌려드려야 했고, 그 다음에 일어날 일에 대해서는 하나님만을 신뢰해야 했다.

무성해지기 위한 가지치기

포도송이에 대한 기대

바울 사도는 그날 밤 예수님의 제자들과 함께 그 포도밭에 있지는 않았지만 가지치기에는 베테랑이 되었다. 그 자신의 설명에 의하면 그는 "이스라엘의 족속이요 베냐민의 지파요 히브리인 중의 히브리인이요… 바리새인이요… 율법의 의로는 흠이 없는 자"(빌 3:5-6)로 시작했다. 그러나 생을 마감할 때는 자기 자신은 하나도 남지 않을 때까지 가지치기가 이루어졌던 사람으로 변화된, 정말 보기 드문 일이 벌어졌음을 볼 수 있다. 바울을 바울이라는 사람으로 특징지어주었던 모든 것들이, 즉 그의 일과 재산과 가문과 자랑과 종교가 다 잘려 나갔다.

감옥에서 기록한 편지에서 그는 "그러나 무엇이든지 내게 유익하던 것을 내가 그리스도를 위하여 다 해로 여길 뿐더러 또한 모든 것을 해로 여김은 내 주 그리스도 예수를 아는 지식이 가장 고상함을 인함이라 내가 그를 위하여 모든 것을 잃어버리고 배설물로 여김은 그리스도를 얻고"(빌 3:7-8)라고 썼다.

이제 바울은 더 이상 자기 삶의 우선 순위를 정할 필요가 없게 되었다. 그에게는 한 가지가 있을 뿐이었다. "오직 한 일 즉 뒤에 있는 것은 잊어버리고 앞에 있는 것을 잡으려고 푯대를 향하여 그리스도 예수 안에서 하나님이 위에서 부르신 부름의 상을 위하여 좇아가노라" (13-14절).

'물론 바울과 같은 영적인 거인에게는 그렇게 철저한 가지치기가 가능했겠지만 하나님께서 정말로 내게도 그렇게 하기를 원하실까?'라고 생각하는 사람들도 있을 것이다. 그 질문의 답을 찾기 위해 "누구든지 우리

무성해지기 위한 가지치기

온전히 이룬 자들은 이렇게 생각할지니"(15절)라고 한 바울의 마지막 권면을 잊지 말라.

우리가 지금 끔찍하게 사랑하는 모든 것들, 심지어는 의미 있는 활동들과 목표들까지도 하나님의 전능하신 손길에 맡길 수 있도록 하나님께 순종하게 되는 것이 성숙한 가지를 깨끗케 하는 목적이다. 그리고 결국 우리에게는 과실을 더 맺게 될 목표와 열정과 방해받지 않는 기회만이 남게 될 것이다.

철저한 가지치기를 경험한 그리스도인들은 뒤에 있는 것들에 초점을 맞추지 않는다. 그들은 존 파이퍼(John Piper)가 다음과 같이 기도했던 것처럼 앞에 있는 것을 잡으려는, 담대하고도 기대에 찬 기도를 한다.

"주님, 제게 전혀 어울리지 않는 변화라 할지라도

주님을 위해서라면 그 변화를 일으키게 하옵소서."

우리의 반응이 모든 것을 결정한다

바로 앞 장과 이 장에서 우리는 하나님께서 우리가 '과실을 맺는' 생활에서 '과실을 많이 맺는' 생활로, 약간의 과실이 담긴 바구니에서 과실이 많이 담긴 바구니로 옮겨갈 수 있도록 우리 삶 속에서 어떻게 일하시는지를 이야기했다.

하나님께서 일하시도록 허락해드린다면 다른 사람들을 축복하게 될 풍성한 자유가 흘러 넘치게 될 것이다.

내 목표는 당신이 하나님과 협력하고, 풍성함의 다음 단계로 나아갈 수 있도록 당신의 삶 속에서 이미 일어나고 있는 일들을 인식하도록 도와주는 것이다.

가지치기를 간구하라고 권하는 것이 아니다. 시험이

무성해지기 위한 가지치기

올 것이다. 중요한 것은 우리가 하나님의 의도적인 가지치기가 그 뜻을 이루게 허락할 것인가 아니면 그저 낭비되게 할 것인가의 단순한 문제다.

가지치기에서는 우리가 어떻게 반응하는지가 모든 것을 달라지게 만든다. 불평하고 반항하며 타협하거나 도망칠 수 있다. 아니면 현재의 고통이 아니라 장래의 상급에 시선을 고정시켰던 제자들이 맛보았던 기쁨과 위로와 안식을 경험할 수도 있다. 심한 고난을 당하면서도 승리를 거두었던 그리스도인들을 묘사하고 있는 베드로의 말에 귀를 기울여보라.

"그러므로 너희가 이제 여러 가지 시험을 인하여 잠간 근심하게 되지 않을 수 없었으나 오히려 크게 기뻐하도다 너희 믿음의 시련이 불로 연단하여도 없어질 금보

포 도 나 무 의 비 밀

다 더 귀하여 예수 그리스도의 나타나실 때에 칭찬과 영광과 존귀를 얻게 하려 함이라 예수를 너희가 보지 못하였으나 사랑하는도다 이제도 보지 못하나 믿고 말할 수 없는 영광스러운 즐거움으로 기뻐하니"(벧전 1:6-8).

믿고 기뻐하는 이 단계에서 포도나무의 마지막 비밀이 우리에게 열린다. 예수님께서 '거하다'라고 표현하신 비밀, 곧 우리 삶의 모든 영역에서 달콤함을 가장 풍성하게 경험하게 될 준비가 이루어진다.

하나님을 더 많이, 하나님과 더 많이

일곱. 하나님을 더 많이, 하나님과 더 많이

조지아의 어느 화창한 날 아침, 출근길에 반짝반짝 윤이 나는 검은색 차가 내 옆을 지나갔다. 운전석에 앉아 있는 사람은 고급 선글라스를 쓰고 있었고, 확신에 찬 표정이었으며, 세련된 모습이었다. 몇 초 만에 그 스포츠카는 내 옆을 홱 지나 급히 사라져갔다.

바로 그때 나는 무언가가 빠졌다는 것을 깨달았다. 분명히 지갑도 있었고 옷도 입고 있었다. 그리고 해야 할 일들로 꽉 짜여진 일과도 있었고 집에는 아내와 아이들이 있었다. 그러나 내 마음이 사라졌다. 도둑을 맞았고 그 검은색 차와 함께 속력을 내며 달아나고 있었다.

사무실로 걸어 들어가면서 나는 사퇴를 한 다음 어쩌면 주차장에서 일거리를 찾게 될지도 모르겠다는 생각을 하며 고조된 위기 의식으로 가득 차 있었다. 어제까지만 해도 그렇게 중요해 보였던 일들이 오늘은 마치 톱밥가루처럼 느껴졌다.

그날 밤 집으로 돌아가 달린과 이야기하면서 아마도 기력이 다 소진되었기 때문일 거라는 결론을 내렸다. 몇 달 동안 열심히 그리고 다른 때보다 더 긴 시간 동안 일했지만 결과는 다른 때보다 못한 것처럼 보였다. 잠자리에 들면서 하나님을 섬기는 일에 대한 내 열정이 몇 달 동안 많이 줄어들었다는 편치 않은 결론을 내리지 않을 수 없었다. 그 검은색 차는 이런 내 문제와는

하나님을 더 많이, 하나님과 더 많이

실제로 아무런 상관도 없었다. 다만 모든 것이 다 잘 되어가고 있다는 착각을 훔쳐갔을 뿐이었다.

사직을 하는 대신 나는 기도를 시작했다. 며칠 동안 어떻게 해야 하는지 하나님께서 보여주시기를 간구했는데, 마치 하나님께서 거의 10년 전에 내가 만났던 한 사람에게 전화를 하라고 쿡쿡 찌르시는 듯했다. 조지는 웨스트 코스트에 살고 있는 존경받는 지도자로 학자이며 또 멘토이기도 했다. 전화를 하면서 나는 내 문제를 말로 표현하는 데 어려움을 느꼈다.

조지는 "브루스, 돈 문제가 있는 겁니까?"라고 물었다. 내가 아니라고 대답하자 "그럼, 성적인 문제인가

그 검은색 차는 이런 내 문제와는 실제로 아무런 상관도 없었다. 다만 모든 것이 다 잘 되어가고 있다는 착각을 훔쳐갔을 뿐이었다.

포도나무의 비밀

요?"라고 물었다. 아니, 그런 것들과는 전혀 관계가 없었다.

통화가 끝나갈 때쯤 그는 자기를 보러 캘리포니아로 오라고 초청했다.

"당신이 왜 여기 와 있는지를 알고 있어요"

며칠 후 조지와 나는 커다란 가죽 의자에 자리를 잡고 앉았다. 창문 밖에서는 유칼리 나무가 산들바람에 흔들리고 있었다. 조지는 "그동안 살아온 이야기를 좀 해보세요. 그리고 서두르지 마세요"라고 말했다.

나는 족히 한 시간 정도는 이야기를 했다. 2년 전 얘기를 하고 있을 때 조지가 내 말을 가로막으며 "내가 얘기를 끝내 보겠습니다"라고 말했다.

나는 "무슨 일이 있었는지도 모르시면서 어떻게 그

렇게 하실 수 있으세요?"라고 물었다.

"그렇지만 당신이 왜 여기 와 있는지를 알고 있거든요"라고 말하며 그는 자리에서 일어나 내 잔에 새로 거른 커피를 부어주었다. 그리고는 "난 성경에 나오는 사람들, 역사적 인물들 그리고 당신도 알고 있는 이 시대를 살고 있는 사람들을 포함해서 500명 이상 되는 그리스도인 지도자들의 삶을 연구해왔어요. 그리고 브루스 당신이 바로 다음 차례로 예정되어 있었어요"라고 말했다.

"예정이 되어 있다니 무슨 뜻입니까?"라고 나는 물었다. 조지는 확실히 내 주의를 끌고 있었다.

내 앞에 서서 그는 자신의 두 손바닥을 펴서 앞으로 내밀며 이렇게 말했다. "이것들이 당신이 이룬 업적의 두 원천이에요. 이 오른손은 하나님과의 관계를 뜻하고 왼손은 당신의 사역 능력을 뜻해요. 주님을 처음 섬기기 시작했을 때 주님과의 관계는 젊고 생기에 넘쳐 있었어요. 왜냐하면 당신의 능력이 약했기 때문에 그럴 수밖에 없었지요." 그는 오른손을 들어 올려 왼손보다 높아지게 했다.

그리고 계속 말을 이었다. "그러나 세월이 흐르면서 사역 능력이 증대되었어요"라고 말하며 두 손을 나란히 모아 같은 높이가 되게 했다. "이 상태에서는 당신의 능력을 통해 얻게 된 만족과 주님과의 관계를 통해 경험하게 되는 만족이 거의 같았어요."

조지의 왼손이 위로 올라가면서 오른손보다 높아졌다. "그런데 머지 않아 당신의 능력이 점점 더 두각을 나타내게 되었어요. 하나님을 위해 그 어느 때보다 생산적이었지요. 그러나 주님과 동행하는 삶이 고통을 당

하나님을 더 많이, 하나님과 더 많이

하기 시작했어요. 그리고 만족이 사라지기 시작한 거예요"라고 말하더니 잠시 멈추었다. 그리고는 "이게 바로 지금 당신이 처한 입장이에요"라고 말했다.

그는 내가 전에 경험했던 만족을 다시 얻을 수 있게 되기를 바라며, 더 많은 노력을 퍼붓고 있는 시점에 와 있다고 말했다. 그러나 그런 노력은 그리 오래 가지 못한다. 어떤 사람들은 부당한 관계에 휘말려 평생 헌신해온 사역으로부터 물러나거나 떠난다. 그는 "브루스, 주님께서 '나와의 관계를 먼저 생각하라. 손의 높이를 다시 바꿀 때다. 그렇게 하면 잃어버린 기쁨을 다시 발견하고, 훨씬 더 풍성한 기쁨을 맛보게 될 것이다'라고 말씀하십니다"라고 했다.

2시간 만에 조지는 내 문제의 핵심을, 즉 하나님과의 관계를 간파했다. 그것은 힘든 순간이었지만 내 눈을

포 도 나 무 의   비 밀

뜨게 해주는 경험이었다.

　내 이야기가 당신에게도 해당되는 것처럼 들리는가? 지난날을 돌아보면서 나는 조지가 했던 말을 포도밭 비유에 적용시켜볼 수 있었다.

　상당한 과실을 맺었다. 징계를 받고 있는 것도 아니었다. 그리고 가지치기를 경험하고 있는 것도 아니었다. 그러나 서로 상반되는 두 개의 긴장감 속에 - 보다 나은 수확을 거두고 싶은 점점 더 커져가는 기대와 이미 맺고 있는 과실에 대한 줄어드는 만족에 - 붙들려 있는 듯한 느낌을 받았다.

　탐스러운 포도송이가 가득 넘친 네번째 바구니가 될 만했다. 그러나 좌절감과 낭패감을 느끼며 평생의 수확을 잃어버리는 듯한 위기를 경험했다.

　그리고 어떻게 해야 할지 도무지 알 수가 없었다.

하나님을 더 많이, 하나님과 더 많이

조지의 가죽 의자에서 일어나게 되었을 때 나는 간단하지만 위협적인 한 진리에 부딪히게 되었다. 하나님께서는 내가 그분을 위해 더 많이 일하는 것을 원치 않으신다. 하나님은 내가 더 많이 그분과 함께 있기를 원하신다.

그제야 나는 포도밭의 마지막 비밀을 맞이할 준비가 되었다.

남아 있어야 할 자리

징계와 가지치기를 통해 당신의 삶 속에서 일하시는 하나님을 보게 되면 아마도 당신과 다른 사람들의 배가 되는 성숙을 위한 신약 성경적 전략이라 할 수 있는 완전한 프로그램의 대상자가 된 것처럼 느껴질 것이다. 그리고 열매가 결국 선한 일과 같은 거라면 '더 많은 열매'는 분명히 더 많은 일과 같은 것이어야 한다는 결론을 내리려 할 것이다.

그러나 포도밭에서 예수님께서 남기신 마지막 말씀은 제자들의 관심을 활동이라는 면으로부터 아주 멀어지게 하셨다. 나는 그 봄날 저녁 타오르는 횃불 쪽으로 몸을 기울이시는 예수님을 상상할 수 있다. 그리고 오래된 가지의 마디진 곡선을 따라 내려가는 그분의 손끝이 커다란 나무에 가서 멈추는 것을 볼 수 있다.

"내 안에 거하라. 나도 너희 안에 거하리라"고 말씀하셨다.

그런 다음 제자들의 관심을 가지, 곧 격자 울타리를 따라 묶여 잘 다듬어진 그리고 수확을 약속하며 이미 부풀어 오른 가지에 집중시키셨다.

하나님을 더 많이, 하나님과 더 많이

"가지가 포도나무에 붙어 있지 아니하면 절로 과실을 맺을 수 없음 같이 너희도 내 안에 있지 아니하면 그러하리라."

그분이 무슨 말씀을 하시는 건지 그 친구들은 이해하고 있었을까? 관심을 가지기는 했던 것일까? 주님은 한 사람씩 돌아가며 그들을 바라보셨다.

"나는 포도나무요 너희는 가지니 저가 내 안에, 내가 저 안에 있으면 이 사람은 과실을 많이 맺나니 나를 떠나서는 너희가 아무것도 할 수 없음이라."

그리고 그 결정적인 순간에 이제부터 - 죄를 제거하는 징계와 우선 순위를 달라지게 하는 가지치기가 있은 후 - 어떤 일이 일어나야 하는지를 말씀하셨다.

포 도 나 무 의   비 밀

내 안에 거하라 ….

오래된 나무와 그 나무의 건강한 가지들이 서로 만나는 부분을 그려보라. 그곳은 거함이 이루어지는 접촉점이다. 그곳은 수액 속에 들어 있는 생명력을 부여해주는 영양분들이 성장해가는 열매들에게로 흘러 들어가는 연결 지점이다. 과실로 흘러가는 수액의 양은 나무와 이어지는 가지의 상태에 의해서만 제한을 받는다. 가장 크고 장애를 가장 적게 받도록 나무에 연결된 가지가 나무에 가장 잘 거하는 상태를 유지할 수 있으며 따라서 많은 수확을 낼 가능성이 가장 크다.

이 그림은 포도나무의 세번째 비밀인 과실을 많이 맺는 마지막 단계로 우리를 데려간다.

포도나무의 세번째 비밀

생활 속에서 많은 열매를 거두고 있다면
하나님께서 그분 안에 더 깊이 거하도록
당신을 초청하실 것이다.

하나님의 목적은 우리가 그분을 위해 더 많은 일을 하는 것이 아니라 그분과 더 많이 함께 있기를 선택하는 것이다. 거함을 통해서만 우리는 하나님과의 가장 보람된 사귐을 누리고, 그분의 영광을 위한 가장 큰 풍성함을 경험할 수 있다.

'거하다'라는 말에는 '남아 있다, 밀접하게 연결되어 있다, 오랫동안 정착해 있다'라는 뜻이 있다. 이런 그림을 가지고 예수님께서는 지속적이며 생생한 주님과의 연합이 제자들의 삶 속에 나타나는 그분의 초자연적인 능력의 정도를 어떻게 직접적으로 결정하게 되는지를 보여주셨다.

요한복음 15장의 여섯 구절 안에서 '거하다'라는 단어를 열 번이나 쓰셨다. 예수님의 간청에 내포된 열정과 사무침을 느낄 수 있다. 예수님은 머지않아 친구들을 떠나게 되리라는 사실을 알고 계셨다. 그러나 "우리는 함께 있어야 한다"라고 말씀하셨다. 예수님은 지금 포도밭에서 두려움을 느끼며 풀이 죽어 있는 그 사람들이 앞으로 몇 년 동안 예전에는 들어보지 못한 기적적인 양의 과실을, 곧 온 세상을 뒤집어놓기에 충분한 정도의 과실을 맺도록 부르심을 받게 되리라는 사실을 알고 계셨다.

그리고 또 그들이 가장 쉽게 잃어버릴 듯한 한 가지 사실, 곧 그분께 더 많이 거해야 하는 것을 놓치게 된다면 영원한 영향을 미치게 될 일을 시작할 수 없게 되리라는 것도 알고 계셨다.

거하는 일의 신비

"거하라"고 예수님은 말씀하셨다. 그 명령을 놓치지 말라. '거하라'는 말은 제안이나 요청이 아니라 명령이다. 아이들에게 후식을 먹으라고 명령할 필요가 없다. 누군가에게 무언가를 명령하는 것은 그것이 자연스럽게 되어지는 일이 아니기 때문이다.

징계와 가지치기를 하는 시기에 농부는 적극적이다. 그분이 찾아내고 주도한다. 우리의 역할은 반응하는 것이다. 그러나 거하는 일에 있어서는 최고 수준의 열매를 맺기 위한 움직임을 주도하는 역할이 180도 달라지는 것을 볼 수 있다. 거하기 위해서는 우리가 그 일을 주도해야만 한다.

포 도 나 무 의   비 밀

따라서 거함이 더 많은 일을 해야 하는 것을 의미하지는 않지만, 거하기 위해서는 우리가 무언가를 해야 한다. 그리고 그것은 자연스럽게 이루어지는 일이 아니다. 거함은 언제나 우리 편에서 해야 할 일이다.

거함은 언제나 우리 편에서 해야 할 일이다.

우리는 스스로 많은 열매를 맺는 일에 무력할 뿐이라는 사실을 주목하라. "가지가… 절로 과실을 맺을 수 없음 같이 너희도 내 안에 있지 아니하면 그러하리라"(4절). 포도나무에서 잘려진 채 흙 위에 나뒹구는 가지를 그려보라. 그 잘려진 가지에 새 잎이 나고 꽃이 피며 열매가 맺힐 수는 없을 것이다.

예수님은 계속해서 말씀하셨다. "사람이 내 안에 거하지 아니하면 가지처럼 밖에 버리워 말라지나니 사람들이 이것을 모아다가 불에 던져 사르느니라"(6절).

재앙처럼 들리는 말씀이다. 그러나 예수님께서 황폐한 가지에 지옥의 위협을 가하시는 것이 아니다. 고대로부터 다양한 용도로 사용되어온 감람나무의 목재와는 달리 포도나무는 작고 잘 부서졌다. 에스겔은 "(포도나무를) 가지고 무엇을 제조할 수 있겠느냐… 불에 던질 화목이 될 뿐이라"(겔 15:3-4)고 말했다. 예수님께서 우리가 주님 안에 거하지 않으면 말라서 죽게 되어 영적으로 아무런 쓸모도 없게 된다는 엄한 지적을 하셨던 것이다.

마지막으로 나무에 거하는 가지에게 주어진 함축된 약속을 주목해보라. 주님과 연결되어 남아 있으면 그리고 그분으로부터 영적인 양분을 받아들이면서 그분께로부터 나오는 능력이 우리를 통해 흐를 수 있게 한다면, 최고의 열매를 맺지 못하도록 우리를 막을 수 있는

포 도 나 무 의   비 밀

것은 아무것도 없다.

현재의 긴급함

집을 향해 떠나려고 준비하는 내게 조지는 "이제, 당신 차례입니다"라고 말했다. 그리고 한 가지 경고를 해주었다. 하나님과의 교제를 내 삶의 첫 우선 순위에 두지 않는다면 그리스도인으로서 혹은 지도자로서의 나의 진정한 역할을 다 이루지 못하게 될 거라고 말했다.

또 그는 "끌어당기고 계시는 하나님을 한동안만 느끼게 될 거예요. 지금 불행을 느끼게 하는 그 위기감은 매우 중요해요. 지금 그 문제를 해결하지 않는다면 결코 해결하지 못하게 될 겁니다"라고 말했다.

그 말은 냉정한 충고였다. 내가 하는 일이 더 이상 내게 만족을 가져다주지 않을 거라고 느끼면서도 그 문제를 직접적으로 다루어서는 안 되었다. 대신 나는 그 모든 것들을 미뤄두고 다른 일, 내게 훨씬 더 어렵고, 상당히 정의하기 어려워 보이는 다른 일에 초점을 맞추어야 한다.

성경 교사이며 큰 기독교 단체의 지도자가 왜 하나님과의 관계를 부차적인 것으로 흘려버리게 되었을까고 의아하게 생각할 수도 있을 것이다. 솔직히 나도 그랬다. 하나님과의 친밀한 교제를 나의 우선 순위로 삼아라? 나는 이미 규칙적으로 기도히며 성경을 읽고 있었다. 그런데 뭐가 잘못된 것인가?

조지를 만나고 집으로 돌아온 후 나는 그 대답을 찾기로 결심했다.

하 나 님   앞 에 서 의   삶

여덟.
하나님 앞에서의 삶

 조지를 만나고 집으로 돌아온 후 나는 한 해 동안 다음의 간단한 세 가지 일을 하기로 주님께 약속했다.

- 매일 아침 5시에 일어나 성경을 읽는다.
- 매일 영적인 생활에 관련된 일기를 한 장씩 꼭 채운다.
- 하나님을 찾게 될 때까지 찾고 기도하는 것을 배운다.

포 도 나 무 의 비 밀

그때 기록한 첫번째 일기의 첫 줄을 나는 아직도 기억하고 있다. "사랑의 하나님, 하나님께 무슨 말을 해야 할지 모르겠습니다."

나는 매일 내가 적은 글들을 읽어보았다. 모든 장에서 나는 분주한 그리스도인으로서의 나의 생활이 내게 무미 건조한 맛을 느끼게 하는 이유를 볼 수 있었다. 나는 하나님을 섬기는 일에는 전문가가 되었지만, 하나님의 친구가 되는 일에는 어쩐 일인지 풋내기로 남아 있었다.

*마치 한 위대한 존재가
그 이른 아침에
내 방으로 걸어 들어와
내 곁에 앉아
있는 것 같았다.*

나는 하기로 약속했던 것을 계속 지켜나갔다. 두번째 달 중간쯤에 들어서서 변화가 일어나기 시작했다. 마치 한 위대한 존재가 그 이른 아침에 내 방으

하 나 님 앞 에 서 의 삶

로 걸어 들어와 내 곁에 앉아 있는 것 같았다. 두서가 없었던 내 일기는 점차로 듣고 계시는 그분을 향한 개인적인 고백이 되어갔다. 나를 위한 그분의 열정과 내 삶을 위한 그분의 목적들이 - 내 생애 전체뿐 아니라 매일, 매시간, 매분을 위한 아이디어들이 - 성경으로부터 드러나기 시작했다.

이미 15년 전에 있었던 일이다. 거함의 즐거움과 그 놀랄 만한 유익들이 하나님께서 나를 통해 하시는 일의 영역과 그 영향을 재규정해주었다. 가는 곳마다 열매를 볼 수 있었다. 그러나 단 하나의 과실도 더 일을 열심히 했기 때문에 얻어진 결과는 아니었다.

이런 일들에 대해 나만이 특별한 지식을 가지고 있는 것은 아니다. 각 세대의 노련한 제자들이 나보다 앞서 이 길을 따라 여행해왔다. 그러나 내가 알고 있는 한 오늘날 대다수의 하나님의 백성들은 거하는 삶의 약속과 실천을 잘 알지 못한 채 살아가고 있다. 그 결과 그들은 가득 찬 네번째 바구니로 대표되는 '더 많은 과실'의 수준에 이르지 못하고 있다.

어쩌면 당신도 그 대다수 가운데 한 사람일 수도 있을 것이다. 그렇다면 풍성한 영적 경험이 실제로 어떻게 일어나는지를 확신하지 못할 것이다. 그리고 "단순히 거함을 통해 어떻게 최고 수준의 열매를 맺게 될 것인가?"라고 묻고 있을 것이다. 계속 읽어 내려가면서 그 답을 찾을 수 있게 되기를 기도한다.

거하는 사람

거함은 전적으로 소중한 우정과 관련되어 있다. 믿음이나 성경에 대해 얼마나 많이 알고 있는지를 측정하는 것이 아니다. 거함은 한 사람을… 찾고, 바라며, 목말라하고, 기다리며, 보고, 알며, 사랑하고, 들으며, 반응하는 것이다. 더 많이 거하는 것은 우리 삶 속에서, 우리의 활동과 생각과 기대 속에서 하나님께 더 많은 중요성을 부여해드리는 것을 의미한다.

하나님을 위해 일하고 행하는 서구 사회의 분주함 속에서 우리는 종종 그분께서 함께하시는 것을 단순히 즐거워하는 일에는 실패하고 있다. 우리는 보다 만족하며 온전하도록 창조되었다. 시편 기자는 "하나님이여 사슴이 시냇물을 찾기에 갈급함같이 내 영혼이 주를 찾기에 갈급하니이다"(시 42:1)라고 노래했다.

이런 관계가 우리에게 그렇게도 깊이 지속적으로 필요하다면 왜 우리는 그런 관계를 열정적으로 추구하지 않는 것인가? 그 주된 이유 가운데 하나는 우리가 하나님께서 우리를 좋아하신다고 정말 믿지 않기 때문이라고 나는 확신한다. 물론 하나님께서 우리를 사랑하신다는 것을 신학적으로는 믿고 있지만(하나님께서는 모든 사람들을 사랑하신다. 그렇지 않은가?) 하나님께서 특별히 우리를 좋아하신다고는 느끼지 않는다. 하나님께서는 우리가 과거에 한 모든 잘못들을 기억하고 계시며 또 지금 우리가 어떻게 하고 있는지를 신속하게 판단하고 계신다고 확신하고 있다. 하나님은 보다 중요한 일들로 바쁘시고 우리와 함께 시간을 보내는 일은 그리 달가워하지 않는 분이라고 생각한다.

우리를 그렇게 생각하는 사람이 있다면 왜 굳이 그 사람과 함께 시간을 보내려고 하겠는가?

가장 친한 친구의 자질들을 열거해야 한다면 아마 다음과 같은 말들을 기대할 것이다. '나를 받아준다,'

하나님 앞에서의 삶

'나를 위해 언제나 시간을 내준다,' '늘 격려를 받고 헤어진다.' 가장 친한 친구에게 느끼는 이런 고마운 마음이 바로 하나님께서 우리에게 주시는 것이다. 그분은 신뢰할 만하며 오래 참는 분이시다. 우리를 바라보실 때 이미 우리가 용서를 구한 죄들을 다시 생각해내는 분이 아니시다. 그저 사랑스런 자녀, 소중한 상속자로 보실 뿐이다.

그리고 우리의 친구이신 하나님께서는 우리가 그분과 함께 거하기를 원하는 것보다 더 많이 우리와 함께 거하기를 원하신다. 예수님께서는 "아버지께서 나를 사랑하신 것같이 나도 너희를 사랑하였으니 나의 사랑 안에 거하라"(요 15:9)고 말씀하셨다. 그 말씀을 붙들었는가? '내 사랑 안에' 거하고, 풍성함을 누리며, 진정한 사랑을 발견하라.

포 도 나 무 의 비 밀

정말로 그분의 사랑 안에 거하게 되면 우리는 충분히 보호받고 있고, 소중하게 여겨지며 사랑받고 있다고 느끼기 때문에, 언제든지 할 수만 있다면 그분에게로 서둘러 돌아가게 된다.

거함의 원리

하나님 안에 거하기 시작하면서 그분이 얼마나 우리를 사랑하시고 또 얼마나 그분의 삶을 우리와 나누고 싶어하시는지를 인식하게 될 때, 우리는 그분 안에 거하게 되는 가장 중요한 발걸음을 떼어놓는 것이다.

나무와 가지가 만나는 지점을 다시 생각해보라. 예수님께서는 생명력이 - 수액이 - 눈에 드러나지 않는 신비한 생명체의 그림을 왜 우리에게 보여주신 것인가? 그 한 가지 이유는 거함에 있어서 표면적으로 일어나는 일은 그리 중요하지 않은 반면 그 내면에서 일어나는 일이 중요하기 때문일 것이다. 거함은 성경을 읽고 기도하는 눈에 보이는 영적 훈련으로부터 시작된다. 그러나 거하지 않으면서도 그런 일들을 할 수 있다

거함에 있어서 표면적으로 일어나는 일은 그리 중요하지 않은 반면 그 내면에서 일어나는 일은 중요하다.

는 사실을 발견한다면 아마도 놀라게 될 것이다. 어떤 사람에 대한 책을 읽는 것과 그 책을 쓴 사람을 아는 것이 똑같을 수는 없다. 거함은 언제나 의무적인 활동으로부터 살아 있고 풍성한 하나님과의 관계로 도약해 나아간다.

네 아이의 어머니인 애니는 최근에 있었던 도약에 대해 다음과 같이 적어 보내왔다.

포 도 나 무 의   비 밀

"전 이제 더 이상 단순하게 성경을 읽거나 간구하지 않게 되었습니다. 하나님께 귀를 기울이고 그분의 말씀을 묵상합니다. 하나님께서 제게 말씀하시는 것을 듣고 적습니다. 이 시간을 가능하면 솔직하고, 깊이 있으며, 친밀한 시간으로 만들려고 합니다. 이 경건의 시간을 갖기 시작하면서 저는 마치 제 출근 카드에 '그녀가 왔다. 10분 동안 있었다!'고 하는 하늘의 도장이 찍히는 듯한 느낌을 받습니다. 최근에는 제 자신을 자제하지 않으면 안 될 정도까지 되었습니다."

애니가 이야기한 것과 같은 경험을 발견하는 데 도움이 되는 두 개의 원리를 찾아볼 수 있다. 이 두 원리는 모두 우리가 어떻게 시간을 보내는지와 관계가 있다.

원리 1 : 거하는 삶으로 나아가기 위해서는 하나님과 함께하는 경건의 시간을 깊게 해야 한다.

'헌신의 시간'이란 용어를 사용하지 않았음을 주목하라. 그것은 하나님과 함께하는 시간의 목적이 헌신을 위한 것이라는 뜻을 내포할 수 있기 때문이다. 대신 하나님을 위해 따로 떼어놓은 시간을 뜻하는 성경적 의미에서의 '경건의 시간'이란 용어를 사용했다. 다윗은 하나님과 함께하는 이런 시간을 갖고자 하는 열망을 시편 27편에 다음과 같이 표현했다.

"내가 여호와께 청하였던 한 가지 일 곧 그것을 구하리니 곧 나로 내 생전에 여호와의 집에 거하여 여호와의 아름다움을 앙망하며 그 전에서 사모하게 하실 것이라"(4절).

포 도 나 무 의 비 밀

다음에 이어지는 어떻게 할 것인지에 대한 설명들은 하나님과 함께하기 위해 '따로 떼어놓은' 시간을 만들고 누릴 수 있도록 도와주기 위한 것이다.

관계를 향상시켜줄 그런 시간으로 따로 떼어두라.

내가 알고 있는 그리스도인들 중에는 잠자리에 들기 직전에 하나님과 의미 있는 개인적인 시간을 갖는 사람들이 있기는 하지만, 역사적으로 존경받는 영적인 지도자 가운데 경건의 시간을 밤에 가졌던 사람은 찾아볼 수 없다. 아침에 일찍 일어나지 않는 한 하나님과의 깊은 교제로 나아가는 일은 그리 쉽게 일어나지 않을 것이다. 편안하게 생각하면서 기록하고, 공부

아침에 일찍 일어나지 않는 한 하나님과의 깊은 교제로 나아가는 일은 그리 쉽게 일어나지 않을 것이다.

하나님 앞에서의 삶

하며, 하나님께 크게 말씀드리고, 필요하다면 울 수도 있는 그런 시간과 조용한 장소를 따로 정해두라.

  하나님의 말씀을 음미하라.

  하나님의 말씀을 음식처럼, 보석처럼, 하나님께로부터 온 편지처럼 그렇게 받아들이고 음미하라. 소중한 분을 만나기 위해 말씀을 읽는다는 사실을 기억하라. 그리고 읽은 것을 깊이 생각해보고 현재의 상황에 적용하라. 그리고 마음속 깊은 곳까지 스며들게 하라. 성경을 읽는 동안 하나님께서 말씀하시기를 기대하라. 바울은 '그리스도의 말씀이 너희 속에 풍성히 거하여'(골 3:16)라고 권면했다.

포 도 나 무 의 비 밀

이야기하고 들으라.

기도하면서 우리는 너무나 자주 하나님을 '저 멀리' 있는 어떤 신비에 쌓인 힘처럼 대한다. 그러나 하나님께서는 우리가 친구에게 이야기하듯이 하나님과 이야기하기를 원하신다. 우리의 간구와 염려들과 찬양과 감사를 듣고 싶어하신다. 솔직하라. 그리고 하나님의 통찰력을 기대하라. 하나님 앞에서 잠잠히 거하는 시간을 가지라. 주님을 찾을 때까지 주님을 추구하기로 결정하라.

매일의 생활 속에서 하나님께서 하시는 일들을 기록하라.

영적 생활에 관한 일기를 쓸 것을 권한다. 하루 일과를 기록하는 일이나 문학적인 작품을 쓰기 위해서가 아니라 하나님과 함께하는 개인적인 여정의 살아 있는 기록이 되게 하라. 실망이나 기쁨 혹은 혼란 등을 주님과 나누라. 지혜를 구하고 주님의 인도를 받게 될 때까지 간구하는 내용들을 기록해두라. 특히 남자들에게는 눈에 보이지 않는 하나님과의 관계를 실제적인 것이 되게 해주는 일기와 같은 도구가 꼭 필요하다.

이런 실천들은 간단하지만 노력을 요하는 일이기 때문에 훈련이라 불린다는 사실을 기억하라. 그러나 그런 노력을 할 만한 충분한 가치가 있는 보상을 얻게 될 것이다.

원리 2 : 거하는 삶으로 나아가기 위해 경건의 시간을 확장시켜야 한다.

약속된 아침 시간만으로 제한하지 말고 함께하시는 하나님께 하루 종일 주의를 기울이라.

포도나무의 비밀

하나님을 서재에 혹은 가장 좋은 의자에 남겨두고 하루 일과를 떠나는 사람들이 너무나 많다. 그러나 포도나무의 교훈들은 우리에게 훨씬 그 이상이 가능하다는 사실을 보여준다.

어느 날, 한 도서실에서 나는 독일 라인 강 계곡 위로 높이 솟아오른 바위가 많은 산등성이에 있는 전설적인 포도밭을 새긴 석판을 우연히 보게 되었다. 그 석판에는 여러 대에 걸쳐 풍성한 열매를 맺어온 포도나무들이 새겨져 있었다. 그리고 한 삽화가 포도나무 한 그루를 자세히 보여주었다. 땅에서부터 덩굴들이 코끼리의 코와 같이 두툼하게 뻗어나왔고, 각 덩굴에는 잎으로 만들어진 둥근 차양 사이로 커다란 포도송이들이 매달려 있었다.

오랫동안 사람들은 그렇게 황폐한 환경 속에서 어떻

게 그런 탐스런 포도나무가 번성할 수 있었는지 궁금했다. 그 석판에 곁들여진 글귀에는 이렇게 설명되어 있다. "오래된 나무의 뿌리는 멀리 있는 강까지 뻗어나가 있다."

그 오래된 포도나무는 우리 주위에서 그 어떤 회오리가 몰아친다 해도 언제나 하나님과 '함께' 있을 수 있다는 사실을 내게 상기시켜주었다. 하나님께서 그분의 목적과 능력을 언제나 활용하도록 우리 개개인을 초대하셨다.

17세기 한 수도원의 부엌에서 일을 했던 평범한 그리스도인이었던 로렌스 형제는 하나님 안에 거하는 자신의 삶을 이렇게 묘사했다. "나는 그분의 거룩한 임재 안에 거하는 것 외에는 아무것도 하지 않는다. 사랑의 눈길로 하나님을 바라보는 단순한 주의력과 몸에 배인 습

성으로 그분 안에 거하게 된다. 이런 삶을 나는… 하나님과 사람 사이에 끝없이 이루어지는 말로 표현할 수 없는 비밀스런 대화라고 부른다."

분주한 생활 속에서 어떻게 이런 삶이 가능할 것인가? 애니는 자신의 경험을 다음과 같이 이야기했다.

"나는 장본 것들을 한 쪽으로 밀쳐놓았다. 아이들은 머리에 봉지를 뒤집어쓰고 집 안을 뛰어다니며 소리를 질러댔다. 나는 기진 맥진해 있었지만 속으로는 '예수님, 예수님께서 지금 여기 제 속에서 그리고 제 주위에서 저와 함께하십니다. 먹을 것과 소란스런 아이들이 있음을 감사드립니다'라고 말했다. 늘 이런 성공을 거두는 것은 아니지만 어디를 가든 예수님을 모시고, 그분과 동행하려 노력한다. 우리는 서로 지속적으로 함께하는 동반자가 되고 있다."

장애의 극복

거함이 무한한 풍성함의 열쇠가 된다면 애니와 같은 사람이 왜 그렇게 드문 것인가? 이 질문에 대한 대답은 게으름이나 무관심, 그 이상의 것이라 생각한다. 많은 사람들은 거함이 무엇을 의미하는지를 배우지 못했다. 또 다른 사람들은 하나님께서 그들을 정말로 좋아하지 않는다고 생각하는 잘못된 오해 때문에 방해를 받고 있다. 좋은 의도를 가진 사람들이 거함을 통한 풍성함을 누리지 못하게 만드는 두 가지 오해가 있다.

하나님과의 교제는 감각이 아니라 관계를 기추루 한다.

오해 1 : 거하는 것은 느낌을 기초로 한다.

하나님과의 교제는 감각이 아니라 관계를 기초로 한다. 이 말은 하나님과 함께하는 시간에 어떤 감정적인 황홀감이나 감상적인 느낌이 일어나야 한다고 생각해온 사람들에게 아마도 큰 안도감을 줄 것이다. 언제나 그런 느낌을 받게 되지도 않을 것이며 그럴 필요도 없다.

결혼 생활과 또 다른 소중한 우정 관계를 살펴보면 이 사실을 쉽게 이해할 수 있다. 달린을 향한 내 사랑은 지속적이지만, 달린을 향한 내 감정은 촛불을 켜고 식사를 할 때와 싸움을 할 때는 상당히 다를 수 있다. 우리는 어떤 특정한 순간에 느끼는 감정을 근거로 우리 관계의 깊이를 측정하지는 않는다.

거함은 믿음의 행동이다. 우리 삶 속에 함께하시는

하나님의 제한받지 않는 임재를 그 어떤 직접적인 느낌보다 소중하게 여기는 표현인 것이다. 하나님께서 함께하신다는 사실을 알기 위해 항상 강렬한 감정을 느껴야 한다고 생각한다면 결국은 실망하고 경건의 시간으로부터 멀어지게 될 것이다. 그리고 머지 않아 "내게는 거함이 효과가 없어"라고 말하게 될 것이다.

오해 2 : 예수님께 순종하지 않으면서도 그분 안에 거할 수 있다.

예수님은 포도밭에서 친구들에게 이렇게 말씀하셨다. "내 계명을 지키면 내 사랑 안에 거하리라"(요 15:10). 예수님의 이 말씀을 이렇게 다시 표현해볼 수 있을 것이다. "내 안에 거하기 원한다면 내가 가는 곳에 함께 가야 한다. 너희가 원하는 곳으로 갈 때 너희는 너희의 길을 가는 것이다."

불순종은 언제나 하나님과의 관계에 불화를 가져온다. 주일날 감정적인 예배의 경험을 즐길 수는 있다. 그러나 주중에 죄악된 생활 방식을 따른다면 거함에는 결코 성공할 수 없을 것이다.

더 적은 것을 위해 더 많이

지금쯤 아마 '거함'에 관련된 기본적인 산수 문제로 고민하고 있는 나와 같은 사람들이 있을지도 모르겠다. 마치 더 싼값으로 더 많은 고기를 먹을 수 있다고 약속하는 식당의 TV 광고처럼 약간 수상하게 들릴지도 모르겠다. 하나님과 더 많은 시간을 보내기 위해 그분을 위한 일을 더 적게 하는 것이 어떻게 우리 삶에 '더 많은 과실'을 맺게 해줄 수 있을지 의아하게 생각

될 것이다.

그런 일이 가능한 한 가지 이유는 우리가 하나님 안에 거할 때 하나님께서 우리의 노력을 초자연적으로 배가시키심으로 보상해주시기 때문이다. 나는 그런 일을 내가 계산할 수 있는 것보다 몇 배나 더 직접적으로 경험했다. 그리고 포도밭의 세번째 비밀이 - 더 많이 거하고 더 적게 일하는 - 하나님을 위한 더 많은 결과들을 가져올 수 있도록 우리를 인도해주는 또 다른 이유들이 있다. 그 결과들은 거함에 따르는 유익, 즉 거함을 지속적으로 연습할 때 우리에게 그리고 우리를 통해 일어나는 일들과 관계가 있다.

거함은 주님의 인도하심을 인식하는 데 도움을 준다. 하나님의 '세미한 소리'(왕상 19:12)를 인식하고 그분의 방식에 익숙해지는 것을 배우게 된다. 거하는 것을 통해 하나님의 인도하심과 보다 더 잘 조화를 이룰 수 있기 때문에 그분을 위해 보다 더 많은 것을 이룰 수 있다.

거함은 하나님의 영적인 풍성함의 모든 것을 활용할 수 있게 도와준다. 독일 포도밭의 예에서 보았듯이 우리가 하나님 안에 거하게 되면 그분의 자원을 깊은 곳으로부터 끌어올 수 있다. 제자들은 이 원리를 배웠고, 그들이 복음을 전하고 사람들을 치유해주었을 때 그 증거가 분명하게 드러났다. 사도행전 4장 13절에서 우리는 "저희가 베드로와 요한이 기탄없이 말함을 보고 그 본래 학문 없는 범인으로 알았다가 이상히 여기며 또 그 전에 예수와 함께 있던 줄도 알고"라고 한 기록을 읽을 수 있다. 거함을 통해 우리는 '예수님과 함께' 하며 그분의 성령과 능력으로 채워진다.

하 나 님 앞 에 서 의 삶

거함은 더 많은 과실을 맺는 데 필요한 '휴식'을 얻게 해준다. 우리 구세주와 친밀한 시간을 나눌 때 우리는 그분의 일을 하기 위한 힘과 활력을 얻게 된다.

거함은 응답된 기도의 약속을 수반한다. 예수님께서 "너희가 내 안에 거하고 내 말이 너희 안에 거하면 무엇이든지 원하는 대로 구하라 그리하면 이루리라 너희가 과실을 많이 맺으면 내 아버지께서 영광을 받으실 것이요"(요 15:7-8)라고 말씀하셨다. 그리고 16절에서 같은 약속을 반복하셨는데, 그것은 열매를 맺는 제자들의 사명과 직접적인 관계가 있다.

하나님께서 주기 원하시는 것을 우리가 구할 때보다 하나님께서 더 기뻐하시는 때는 없다. 하나님과 함께 시간을 보내면서 그분의 우선 순위와 열정과 목적이 우리의 동기가 될 때 하나님의 마음 가장 깊은 곳에 있는 것들을 구할 수 있게 된다.

기록된 책들을 위한 한 사람

우리의 생활 속에 함께하시는 하나님의 기적적인 생명력으로 우리는 놀랄 만한 크기와 양의 열매를 맺게 될 것이며, 그 열매가 열릴 수 있도록 우리가 한 일은 아무것도 없었다는 사실을 알게 될 것이다.

우리의 생활 속에서 우리와 함께하시는 하나님의 기적적인 생명력으로 엄청난 일들이 이루어졌음을 알게 될 것이다.

구약 성경에 나타난 가장 놀랄 만한 풍성함의 상징은 정탐꾼들이 약속의 땅에서 발견한 것들에 대한 짤막한 묘사가 될 것이다. "에스골 골짜기에 이르러 거기서 포도 한 송이 달린 가지를 베어 둘이 막대기에 꿰어 메고"(민 13:23). 그런 기막힌 추수에 대해 들어본 적이 있는가?

초자연적인 풍성함을 보여주는 그 사진을 마음속에 간직하라. 그것이 바로 하나님께서 당신을 위해 예비해 두신 과실의 모습이다.

기쁨 가득한 풍성함

아홉. 기쁨 가득한 풍성함

그날 밤 포도밭에서 있었던 이야기의 장면은 이제 몇 주 후 갈릴리의 이른 아침 장면으로 바뀐다. 바위로 된 해안가에는 파도가 부서지고 호수 위로는 안개가 끼어 있다.

해안에서 그리 멀리 떨어지지 않은 배 위에서 그물을 손질하고 있던 베드로와 몇몇 다른 제자들은 해안가에서 누군가 그들을 부르는 소리를 들었다.

"여보게, 친구들, 고기는 좀 잡았는가?"

어부들은 "아니요! 밤새 한 마리도 못 잡았습니다"라고 대답했다.

다시 목소리가 들려왔다. "배 오른편으로 그물을 던져보게."

요한복음 21장에 나오는 이 이야기를 잘 알고 있을 것이다. 흔들리는 배에 앉아 있던 어부들은 전혀 망설이지 않고 그물을 잡아 반대편으로 던졌다는 사실도 알고 있을 것이다. 곧 그들은 그물이 축 늘어질 정도로 고기를 낚아올리게 되었고 의심할 여지없이 안개 속에 서 있는 그 사람이 누구인지를 분명하게 알아차렸다.

요한은 베드로에게 "주님이시다"라고 말했다.

그러자 베드로가 어떻게 했는지를 잘 알 것이다. 마음의 눈으로 베드로가 물 속으로 달려드는 모습을 그려 볼 수 있을 것이다. 들고 있던 그물을 놓고 발을 뱃머리

기쁨 가득한 풍성함

에 올린 다음 은혜의 바다 속으로 멋지게 뛰어드는 모습을 그려볼 수 있을 것이다.

이 책은 당신 역시 그렇게 뛰어들 수 있도록 도와주기 위해 쓰여졌다. 그렇게 뛰어내렸을 때 베드로는 성공하려던 그의 작은 꿈들을 영원히 뒤로했다. 자신을 위한 하나님의 계획에 대한 의심과 자신이 기대했던 대로 일이 되어야 한다고 주장하던 고집도 모두 뒤로했다. 자신의 죄를 하나님의 용서보다 더 무겁게 여기던 생각도 뒤로했다.

그 충동적인 뛰어내림은 놀랍도록 풍성한 삶을 향한 베드로의 도약의 순간이 되었다. 하나님께서 그를 초대교회의 첫 지도자로 사용하신 모습을 묘사하고 있는 사도행전에서, 우리는 그가 수천 명을 대상으로 설교를 하면서 사람을 고치고 성령님이 임하시게 했음을 볼 수 있다. 그리고 그가 '말할 수 없는 영광스러운 즐거움' (벧전 1:8)이라고 표현한 열정이 담긴 그의 솔직한 편지들 속에서도 다시 찾아볼 수 있다.

삶의 새로운 출발점에서 어정쩡하게 서 있는가? 당신을 부르는 소리가 들리는가? 주님이시다.

뛰어내릴 수 있기를 바란다.

작은 사람, 큰 수확

「야베스의 기도(The Prayer of Jabez, 도서출판 디모데)」라는 책을 읽어보았다면 베드로처럼 멋지게 뛰어내렸던 또 한 사람을 만났을 것이다. 그의 이름은 야베스였다. 뱃머리에서 뛰어내리는 대신 그는(그의 이름에는 '고통'이라는 뜻이 들어 있다) 일상 생활의 먼지 속에 무릎을 꿇고 풍성함을 위한 담대한 기도를 했다. 역대상에

기 쁨 가 득 한 풍 성 함

서 우리는 다음과 같은 구절을 읽을 수 있다.

"야베스가 이스라엘 하나님께 아뢰어 가로되 원컨대 주께서 내게 복에 복을 더하사 나의 지경을 넓히시고 주의 손으로 나를 도우사 나로 환난을 벗어나 근심이 없게 하옵소서 하였더니 하나님이 그 구하는 것을 허락하셨더라"(4:10).

그 성경 구절 부근에는 5백 명 이상이나 되는 사람들의 이름이 열거되고 있지만 야베스의 이름에만 이런 특별한 설명이 주어져 있다. 왜 그런가? 간단한 표현으로 정제된 그의 짧은 기도에는 하나님께서 그 자녀들에게서 보기 원하시는 풍성한 삶 속으로 그가 온 마음을 다해 뛰어들고자 하는 뜻이 담겨 있기 때문이라 생각된다.

야베스의 비석에는 다음과 같은 글귀를 적어넣을 수

있을 것이다.

여기 고통 속에서 태어나
하나님께서 가장 주고 싶어하시는 것을
담대히 구했기 때문에
존귀한 삶을 살았던
야베스가 잠들어 있다.

3천 년 이상이나 지난 후에도 하나님께서는 야베스의 기도에 놀라운 방식으로 응답하고 계신다고 나는 말할 수 있다. 오늘날 수백만의 그리스도인들이 야베스의 도전을 받아들이고 있는데, 그것은 그들이 하나님의 영광을 위해 그들의 삶 속에서 더 많은 열매를 맺고 싶어하기 때문이다. 그들은 야베스처럼 하나님께서 복을 더

기 쁨 가 득 한 풍 성 함

해주시기를, 하나님을 위해 더 많은 영향을 미칠 수 있기를, 하나님의 능력의 손길이 그들에게 임하기를 그리고 악으로부터 보호해주시기를 매일 기도하고 있다.

야베스의 기도와 포도나무의 비밀과의 관계를 놓치지 말라. 야베스의 기도는 우리가 열매를 맺을 수 있도록 하나님을 초청하는 것이며, 포도나무의 비밀은 하나님의 영광을 위해 우리가 보다 유용해질 수 있도록(더 많은 열매를 맺을 수 있도록) 하나님께서 어떻게 우리를 변화시키시는지를 보여준다.

「포도나무의 비밀」에 담긴 메시지는 앞서 출간된 「야베스의 기도」처럼 간단하지만, 우리가 하나님의 방법으로 하나님의 뜻을 따르기로 선택할 때 그리고 그 모든 것을 간구하기 시작할 때, 우리의 생활과 우리가 사는 세상에 변화를 일으킬 수 있다는 깊은 뜻에 근거를 두고 있다.

아버지의 얼굴

미국의 고전이라 알려진 존 스타인백(John Steinbeck)의 「분노의 포도(The Grapes of Wrath)」에 기억에 남을 만한 한 장면이 있다. 오클라호마 한 농가의 가족들이 멀리서 폭풍이 흙먼지를 일으키며 휘몰아치는 광경을 바라보며 집 앞에 서 있다. 어른들은 멀리 지평선을 내다보며 그 재앙이 그들을 피해 다른 곳으로 가주기를 말없이 기대했다. 아이들 역시 부모들의 다리에 매달려 지평선을 내다보았다. 그러나 여자들은 남자들의 얼굴만을 바라보았다. 여자들에게 중요한 것은 모두 거기 씌어져 있었기 때문이다.

최근에 아버지의 얼굴을 본 적이 있는가? 당신의 현

기쁨 가득한 풍성함

상태와 앞으로의 전망에 대해 그보다 더 잘 말해줄 수 있는 것은 아마도 없을 것이다. 내가 본 그림을 묘사해 보면 다음과 같다.

징계의 시기에는 농부가 서늘한 아침 나절 우리 옆에 무릎을 꿇고 있을 것이다. 열매를 맺을 수 있도록 들어 올려주기 위해 우리 삶 속에 개입하려고 다가온다. 그 얼굴에는 염려와 슬픔이 - 실증이나 짜증이나 분노가 아니라 - 배어 있다. 그러나 우리를 구제 불능의 패배자로 보는 것이 아니다. 오히려 보다 나은 상태에서 떨어져나간 선택된 그리고 조심스럽게 다듬어져야 할 가지로 본다.

가지치기의 시기에는 농부가 한낮의 태양 아래 있는 우리 옆에 서 있을 것이다. 그는 짐짓 심각한 표정으로 가위질을 하고 있다. 그러나 기분이 상한 것은 아니다.

사실상 그 표정에는 즐거움과 기대가 스며 있다. 원치 않는 새순들을 신중하게 잘라내면서 우리가 보여주는 힘과 약속에 감탄하고 있다. 그가 우리 앞에 두게 될 시험에 우리가 믿음으로 반응하게 될 때를 그는 내다볼 수 있다.

거하는 시기에는 해가 기우는 동안 모자를 걷어올리고 격자 울타리에 기대어 선 농부를 볼 수 있다. 즐거움과 만족과 기쁨으로 가지를 바라본다. 우리의 아름다움을 바라보며 그저 우리 곁에 있는 때가 하루 중 그가 가장 좋아하는 순간이다. 가지에 무성하게 달린 커다란 포도송이들은 정확하게 가지가 처음 싹을 낼 때부터 그가 생각하고 있었던 그런 열매들이다.

이제 하나님께서 우리의 삶 속에서 어떻게 일하시는지를 알게 되었을 것이다. 그리고 우리를 향한 그분의

기쁨 가득한 풍성함

사랑의 표정을 보았을 것이다. 그리고 다시는 그분의 방법을 오해하지 않아도 될 것이다.

포도송이를 훔쳐가는 도둑을 주의하라

오해와 의심, 그것이 바로 우리의 원수가 바라는 것이다. 의심과 불신, 낙심과 속임수로 이루어진 계책을 통해 사단은 우리가 열매를 맺지 못하게 방해하거나 열매를 훔쳐가고, 또 더 풍성해지지 못하도록 막기 위해 매순간 최선을 다한다.

우리의 삶 속에서 이루어진 하나님을 위한 선한 일의 수확을 지키기 위해 다음의 몇 가지 중요한 사실들을 깊이 생각하라.

우리가 맞이하고 있는 시기에 상관없이 하나님께서는 우리를 사용하실 수 있다. 실제로 우리는 주로 한 번에 한 시기를 경험하기는 하지만 그 시기들은 서로 겹치기도 한다. 원수는 우리가 낙심하고 혼란에 빠지기를 바란다. 그는 우리가 다음 단계에 올라서게 될 때까지 하나님께서 결코 우리를 의미 있게 사용하지 않으실 거라고 말한다. 그러나 하나님께서는 우리가 어떤 시기를 보내고 있건 상관없이 우리를 사용하실 수 있고 또 사용하실 것이다. 예수님께서는 제자들의 믿음이 여전히 미숙한 상태에 있었을 때에도 하나님의 나라를 전파하고 심지어는 기적을 행하도록 그들을 사용하셨다.

우리 각자를 위한 하나님의 계획은 독특하며 특별히 우리의 성공을 위해 적합한 것이다. 각 가지는 개별적인 주의를 요하는데 그것은 농부가 우리의 개인적인 필요와 반응하는 방식을 알고 있기 때문이다. 자신의 진보를 다른 사람 혹은 다른 것과 비교하려 하지 말고 각

기쁨 가득한 풍성함

자를 위한 하나님의 뜻에 비추어보아야 한다.

열매 맺는 일을 시작하기에 너무 늦었다고 말할 수 있는 때는 없다. 포도송이를 훔쳐가는 도둑은 그리스도인들이 농부에게 반응을 보여야 할 기회를 이미 놓쳐버렸다고 생각하게 만들려 한다. 그러나 하나님께서는 우리가 지금 반응하기를 바라시는 한편 우리의 전생애를 통해 계속해서 일하실 것이다.

우리는 하나님의 주권적인 시기를 신뢰하고 안심할 수 있다. 현재 징계를 받고 있거나 가지치기를 경험하고 있다면, 원수는 우리의 적은 수확을 탓하며 우리를 낙담시키려 할 것이다. 그러나 하나님께서 우리를 위해 신실하게 이루어가실 중요한 일들을 이미 예비하고 계신다는 사실을 믿고 담대하라(빌 1:6).

기쁨이라는 선물을 기억하라. 우리의 원수는 징계의

고통과 가지치기로 인한 손실과 거함에 따르는 어려움과 노력을 지적하려 할 것이다. 그리고 우리를 위한 하나님의 계획을 마치 불행의 처방전처럼 믿게 하려고 애를 쓸 것이다. 그러나 그날 밤 포도밭에서 제자들에게 하신 예수님의 놀라운 약속을 기억하라. "내가 이것을 너희에게 이름은 내 기쁨이 너희 안에 있어 너희 기쁨을 충만하게 하려 함이니라"(요 15:11). 그 후 제자들이 증명해 보여주었듯이 충만한 기쁨의 약속은 그 위에 삶을 세워갈 수 있는 실체다.

제자들의 가장 간절한 열망

베드로가 바로 얼마 전에 부인했던 주님을 향해 헤엄쳐 나갔던 일을 생각하면 나는 언제나 흐뭇해진다. 배에서 다이빙하는 어부의 실루엣은 하나님을 위한 모든 제

기쁨 가득한 풍성함

자들의 평생의 열망을 보여주는 잊을 수 없는 그림이다.

해안가로 헤엄쳐 나가면서 베드로는 전에 일어났던 비슷한 일을 기억했으리라고 나는 생각한다(누가복음 5장에 기록된). 그때 역시 예수님께서는 베드로와 그의 동료들에게 고기를 잡기 위해 그물을 어디로 던져야 할지를 말씀하셨다. 그리고 그때도 그물이 찢어질 정도로 많은 고기를 잡아올렸다. 사람들이 잡은 물고기를 해변가로 끌고 간 후 예수님께서 베드로에게 말씀하셨다. "이제 후로는 네가 사람을 취하리라"(10절).

주님의 얼굴을 볼 수 있을 만큼 해변가로 가까이 다가간 베드로는 결국 모든 것을 이해할 수 있었을 것이다.

"사람을 취하라."

"열매를 맺으라."

포도밭에서 '마지막 말씀'을 남기신 후 며칠이 지났

지만 예수님께서는 여전히 같은 말씀을 하고 계셨다. 그분을 따르는 사람들에게 여전히 풍성함에 관한 커다란 그림을 보여주려고 노력하시면서 이번에는 포도 대신 물고기를 사용하셨다.

당신의 삶에 풍성함이 있는가? 우리는 하나님을 위한 풍성한 삶을 살도록 창조되었다. 그러나 우리의 힘만으로는 하나님 아버지 나라의 일을 성취할 수 없다.

더 풍성하기를 원하는가? 언제나 가능하다. 그러나 지금 하고 있는 것과는 다른 일을 해야 할 것이다. 하나님의 방법에 협력하고 순종하며 신뢰함으로 반응해야 할 것이다.

열매를 맺어가는 어떤 시기를 거치고 있건 간에 하나님 아버지의 얼굴을 바라볼 때마다, 기대에 찬 베드로가 그날 아침 물을 뚝뚝 흘리며 해안가로 걸어나오면서 보

기쁨 가득한 풍성함

았던 것과 같은 것을 볼 수 있기 바란다.

그는 준비되어 있던 은혜의 아침 식사와 하나님의 사랑만큼이나 큰 미래를 보았다.

포도나무의 비밀

1쇄 발행	2002년 4월 17일
14쇄 발행	2020년 12월 13일
지은이	브루스 윌킨슨 & 데이빗 콥
옮긴이	마영례
펴낸이	고종율
펴낸곳	주)도서출판 디모데 〈파이디온선교회 출판 사역 기관〉
등록	2005년 6월 16일 제 319-2005-24호
주소	서울특별시 서초구 서초대로 141-25(방배동, 세일빌딩 8층)
전화	마케팅실 070) 4018-4141
팩스	마케팅실 031) 902-7795
홈페이지	www.timothybook.com

값 9,000원
ISBN 978-89-388-1013-7 03230
ⓒ 주)도서출판 디모데 2002 〈Printed in Korea〉